Nach dem Motto »Alle Menschen sind verschieden, aber manchmal auch gleich!« beantwortet das Supatopcheckerbunny Alltagsfragen naiv und klug zugleich, um dem Trivialen goldene Weisheiten abzuringen. Unterstützt wird es dabei vom vermeintlich kongenialen Hilfscheckerbunny, das jedoch naiver, dreister und materialistischer ist und damit die Bemühungen des Supatopcheckerbunnys um das Wahre und Gute oft untergräbt.

Unsere Adresse im Internet: www.fischerverlage.de

Ulrike Sterblich / Stese Wagner

SUPATOPCHECKERBUNNY
&
HILFSCHECKERBUNNY:

Was wir uns überlegt haben
zu verschiedenen Themen!

Fischer Taschenbuch Verlag

Originalausgabe

Veröffentlicht im Fischer Taschenbuch Verlag,
einem Unternehmen der S. Fischer Verlag GmbH,
Frankfurt am Main, Mai 2008

© S. Fischer Verlag GmbH, Frankfurt am Main 2008
Illustrationen Tex Rubinowitz & Ulrike Sterblich (Seite 6, 15, 23, 48,
60, 70, 74, 83, 101, 109, 119, 144, 150, 164, 177, 190, 199, 215, 219),
Markus Weimer (Seite 34), Rattelschneck & Ulrike Sterblich (Seite 129, 207)
Satz S. Fischer Verlag GmbH, Frankfurt am Main
Druck und Bindung Clausen & Bosse, Leck
Printed in Germany
ISBN 978-3-596-17651-9

Inhalt

ZUM GELEIT!

*Was sich das Supatopcheckerbunny
zum Geleit überlegt hat:*

Liebe Freaks und liebe Leser!
Na, wie geht's? Mir ganz gut. Diese Aussage, »Mir geht's ganz gut«, bezieht sich allerdings auf den Moment, in dem ich das hier schreibe. Der Moment, in dem ich das hier schreibe, ist aber nicht identisch mit dem Moment, in dem Sie das hier lesen. Ich schreibe dieses Geleitwort quasi JETZT GERADE, aber Sie lesen es erst IRGENDWANN IN DER ZUKUNFT! Beziehungsweise aus Ihrer Perspektive lesen Sie das JETZT GERADE, während ich es aber schon LANGE VORHER geschrieben habe. Und darum können Sie letztlich gar nicht wissen, wie es mir tatsächlich geht gerade. Bisschen doof, die Situation. So ist es aber ganz oft mit Büchern! Manche Autoren leben sogar schon gar nicht mehr!

Trotzdem haben das Hilfscheckerbunny und ich uns dazu entschlossen, dieses Buch zu machen. Und das können wir auch begründen. In diesem Buch geht es nämlich nicht um irgendwas, sondern um die etwa zwanzig zentralen Themen des menschlichen und auch anderen Daseins! Als Supatopcheckerbunny weiß ich zufällig, was zentral ist für das menschliche Dasein und anderes Dasein, zum Teil aus eigener Erfahrung.

Das Hilfscheckerbunny und ich haben diese Themenauswahl zudem bereits in unserer berühmten Liveshow-Reihe, den phantastischen »Berlin Bunny Lectures« erprobt. Zu jedem in diesem Buch auftauchenden Thema gab es in der Vergangenheit schon mal eine Bunny-show. Zusammen mit ein, zwei geladenen Experten saßen wir auf der Bühne und haben geredet, diskutiert und erzählt, nachgehakt und zusammengefasst. Das war gewinnbringend und toll, doch andererseits ist eine Liveshow einfach mal nicht von Bestand. Liveshows haben andere Qualitäten, zum Beispiel sozialer Art. So können nach einer Show alle zusammen, Zuschauer, Experten und Bunnies, noch Bier trinken und Fotos machen voneinander.

Aber schon nach wenigen Jahren haben die Zuschauer das eine oder andere Detail, das gerade live auf der Bühne verhandelt wurde, wieder vergessen, die ein oder andere wichtige Erkenntnis nicht mehr richtig präsent! Das ist schade für alle Beteiligten, und genau deshalb haben wir uns halt dazu entschlossen, die zentralen Erkenntnisse zu den zentralen Themen zum Nachlesen festzuhalten für die Ewigkeit in einem wunderschönen Buch!

Ich, das Supatopcheckerbunny, schöpfe aus einem natürlichen Quell der Weisheit. Aus dem Kopf heraus zitiere ich Theodor W. Adorno, Arthur Schopenhauer und Jennifer Lopez, um nur wenige zu nennen. Das Hilfscheckerbunny kann so etwas nicht, es lernt ja noch. Dafür kann es stattdessen ganz gut googeln im Internet. Im Internet findet man auch immer SO EINIGES zu den zentralen Themen des Lebens! Und darauf macht sich das Hilfscheckerbunny dann so seinen Reim, das ist ganz putzig.

Um jedes Thema angemessen und erschöpfend zu behandeln, haben wir da, wo es nötig und sinnvoll ist, zudem die besten Topexperten der Welt gebeten, sich auch etwas zu überlegen zu dem jeweiligen Thema! Aber nicht nur das. Denn natürlich haben wir unseren wissenschaftlichen Mitarbeiter Cornelius, der schon bei den Bunny Lectures immer für wissenschaftlich korrekte Zusammenfassungen und Ergänzungen gesorgt hat, gezwungen, dabei zu sein. Cornelius hat an mehreren Universitäten studiert und kann diese Dinge deshalb sehr, sehr gut! Zu seinen besonderen Stärken zählt die Entwicklung von übersichtlichen Diagrammen.

Weil aber auch das Aussehen wichtig ist (gerade bei einem Buch!) gibt es neben den vielen Buchstaben und den Diagrammen von Cornelius in diesem Buch wunderschöne Bilder aus dem Bunnyalltag, gemalt von dem menschenscheuen Wiener Imker Tex Rubinowitz!

Supatopcheckerbunny, Hilfscheckerbunny, Cornelius, Topexperten – das ist bereits extrem beeindruckend, aber immer noch nicht genug für uns und unsere hohen Ansprüche. Deshalb haben wir in diesem Buch AUCH NOCH eine stattliche Anzahl an Listen und Aufzählungen versammelt zu den zentralen Themen des menschlichen (und anderen) Daseins! Und in diese Listen haben nochmal viele Leute ihr GANZES WISSEN eingebracht!

Vorneweg und ganz besonders Holm Friebe, Kathrin Passig, Wolfgang Herrndorf, Sascha Lobo, Philipp Albers und Jörn Morisse. Des Weiteren auch Christoph Albers, Jan Bölsche, Angela Bonn, Murmel Clausen, Hannah Dreher, Jens Friebe, Marek Hahn, Lars Hubrich, Lukas Imhof, Jana Liebig, Sabine Louwen, Jörg Meyerhoff, Maik Novotny, Aleks Scholz, Caroline Schreiber, Kai Schreiber, Natascha Podgornik, Utta Raifer, Jochen Reinecke, Andreas Reithmeier, Tex Rubinowitz, Stefan Scholze, Ira Strübel, Fil Tägert, Christoph Virchow, Marcus Weimer, Simone Will, Philipp Wöhler und direkt oder indirekt noch so einige andere, besonders von den Höflichen Paparazzi, die es nicht geben würde ohne ihren phantastischen Hausmeister, Dr. Christian Ankowitsch.

Was sich das Hilfscheckerbunny zum Geleit überlegt hat:

Liebe Leser und vor allem liebe Fans,
während ihr schon in der Zukunft seid und das fertige Buch in den Händen haltet, sitze ich, das Hilfscheckerbunny, noch völlig verarmt in der Gegenwart mit blutigen Fingern am Schreibtisch und schreibe.

Und alles nur, damit ihr später etwas zu lesen habt, und damit wir Bunnies endlich reich werden!

Damit das klappt mit dem Reichwerden und auch genug Leute dieses Buch kaufen, haben wir uns ganz schön Mühe gegeben! Wir haben zum Beispiel alle Themen vorher »in vivo« getestet – also im echten Leben. Dazu haben wir mehrere Jahre einmal im Monat eine repräsentative Zielgruppe in einen heruntergekommenen kleinen Club in Berlin geladen und ihnen was vorgelesen. Nur die Themen, die wirklich ALLE Menschen voll interessant fanden, haben wir dann ins Buch aufgenommen!

Außerdem haben wir auch daran gedacht, dass die Menschen unterschiedlich sind, und dafür gesorgt, dass für Menschen jeder Art etwas dabei ist:

Für die intellektuellen Menschen hat sich das Supatopcheckerbunny viel intellektuelles Zeug ausgedacht und auch nicht an Zitaten von Adorno und anderen Nerds gespart. Das Ergebnis liest sich ganz putzig!

Für die Menschen, die sich mehr für die moderne Welt mit Internet und Mode und so interessieren, gibt es brandheiße Texte und Recherchen von mir, eurem gutangezogenen Hilfscheckerbunny.

Für die Menschen, die Wert auf internationale Expertise legen, haben wir Cornelius gebeten, dabei zu sein. Cornelius schreibt gerade an einer Eliteuniversität in Amerika seine Doktorarbeit. (Außerdem hat er sehr niedliche, wollige Locken oben drauf auf seinem Kopf, was vielleicht noch das eine oder andere Teeniemädchen zum Kauf inspiriert!)

Außerdem haben wir das Buch vollgestopft mit absoluten Topattraktionen:

Wir haben Beiträge von Bachmannpreisträgern, von Spielern der Literaten-Fußballnationalmannschaft, von berühmten Historikern, von Zauberern (die schon mal in Las Vegas gezaubert haben!), von Ex-Heavy-Metal-Musikern, von Wiener Intellektuellen, von Drehbuchautoren, von weltberühmten Comiczeichnern, von begabten Singer/Songwritern, von Menschen mit Doktortiteln und von welchen, die im fernen Amerika leben!

Und als wäre das noch nicht genug, haben wir sehr lustige Listen mit Beiträgen von klugen Checkern wie Holm Friebe, Kathrin Passig, Wolfgang Herrndorf, Sascha Lobo, Philipp Albers und Jörn Morisse, Christoph Albers, Jan Bölsche, Angela Bonn, Murmel Clausen, Hannah Dreher, Jens Friebe, Marek Hahn, Lars Hubrich, Lukas Imhof, Jana Liebig, Sabine Louwen, Jörg Meyerhoff, Maik Novotny, Caroline

Schreiber, Kai Schreiber, Aleks Scholz, Natascha Podgornik, Utta Raifer, Jochen Reinecke, Andreas Reithmeier, Tex Rubinowitz, Stefan Scholze, Ira Strübel, Fil Tägert, Christoph Virchow, Marcus Weimer, Simone Will, Philipp Wöhler und noch anderen aus Dr. Christian Ankowitschs Höfliche-Paparazzi-Forum.

Allen diesen fleißigen Helferlein möchte ich an dieser Stelle sagen: Gern geschehen! Wir wissen doch, WIE SEHR ihr auch mal bei einem Buch dabei sein wolltet!

So, das war's jetzt so weit mit meinen Worten zum Geleit.

Tschüss –

Euer Hilfscheckerbunny

MODE & FASHION!

Was sich das Supatopcheckerbunny
zum Thema »Mode & Fashion« überlegt hat:

Immer, wenn die Sonne vom Himmel herabscheint auf die Häuser, dann scheint sie dabei auch herab auf die hässlichen Häuser. Die Sonne macht keinerlei Unterschied zwischen den ganz verschiedenen Architekturstilen oder den unterschiedlichen Farben der Häuser. Und genauso macht sie es mit den Menschen! Egal, ob man schön ist oder sehr hässlich, ob man ein Mann ist oder eine Frau oder ob man modisch angezogen ist oder nicht – wenn man bei Sonnenschein hinausgeht auf die Straßen der Stadt oder auf die Felder, wenn man auf dem Land wohnt, dann wird man von der Sonne in jedem Fall immer gleich behandelt, und auch die Strahlungsintensität der Sonne wird überhaupt nicht beeinflusst vom eigenen Outfit. Ja, werden sich deshalb manche denken, was macht es denn dann überhaupt für einen Unterschied, ob man sich nun modisch anzieht, morgens bevor man aus dem Haus geht, oder nicht, wenn sich dadurch eh nichts ändert?

Diese Frage erscheint zwar logisch, aber sie ist natürlich auch mal wieder TYPISCH DEUTSCH! Der Italiener fragt so etwas selbstverständlich nicht. Der Italiener zieht sich trotzdem topmodisch an, ohne Hintergedanken an eventuelle nützliche Auswirkungen. Ja, werden jetzt manche wieder kritisch einwenden, das mag der Italiener zwar so machen, er hat aber auch sonst ganz andere Gewohnheiten als wir, zum Beispiel auch ganz anderes Essen. Das stimmt natürlich! Dennoch ist die italienische Küche auch bei uns sehr beliebt, man denke nur an

Spaghetti Carbonara. Wenn einer den Vorschlag macht, ab und zu mal ein paar Nudeln zu kochen auf italienische Art, dann kommt doch auch keiner an und sagt: »Nudeln schön und gut, aber der Italiener zieht sich ja ganz anders an, und deshalb will ich seine Nudeln nicht.« Sie verstehen?

Wenn man mal von solch interkulturellen Verwicklungen absieht (was natürlich leichtsinnig ist heutzutage, aber manchmal muss man das tun für die Methodik), dann bleibt als Tatsache übrig, dass unmodische und schlecht angezogene Mitmenschen es bei uns nicht immer leicht haben. Sie werden in den schicken Cafés oft nicht bedient, sie verdienen weniger Geld, und es fällt ihnen schwer, sich über längere Zeit zu konzentrieren. Auch ich schaue dann lieber weg.[1] Aber nachts liege ich manchmal wach und frage mich, was ich vielleicht tun könnte, um diesen Menschen zu helfen. Eine mögliche Idee wäre eine Notruf-Hotline für Unmodische. Dort kann man anrufen, wenn man sich zum Beispiel ganz in Grün gekleidet hat oder wenn man eine Neigung zu Motivsocken hat. Ich gebe dann Rat und Trost. Denn der Sonne gleich sorgt auch das Supatopcheckerbunny für die modisch Behinderten!

---

1   *Das machst du richtig, STCB! HCB.*

Was sich das Hilfscheckerbunny zum Thema »Mode & Fashion« überlegt hat:

Fashion oder »Mode« ist ein Thema, das alle Lebewesen auf der Erde etwas angeht! Denn zyklisch – also immer wiederkehrend wie die Jahreszeiten –, so wechseln wir Erdenwesen unseren Style. Und zwar alle! Nicht nur wir Menschen, sondern auch die Tiere und Bäume! Denkt an den Fuchs, der im Winter einen anderen Pelz trägt als in der Sommersaison zuvor. Denkt nur an die Kastanie, die auf die Üppigkeit des Sommers einen provozierend kargen »Nude Look« folgen lässt!

Fashion ist eins der Hauptthemen unserer Existenz, weshalb sich auch berühmte Philosophen und Vordenker täglich damit auseinandersetzen. So schreibt René Descartes: »Eigentlich bin ich Versace-Fan, doch Ralph Lauren entwirft sehr sexy Klassiker.« Descartes will uns damit etwas Wichtiges mitteilen – und zwar, dass er ein hilfloser Intellektueller ist, der voll keine Ahnung von Mode hat! Schade eigentlich. Denn das müsste nun wirklich nicht sein. Descartes könnte mich, das Hilfscheckerbunny, doch auch ganz einfach fragen, wie das geht mit der Mode. Und ich würde ihm dann sagen: »Descartes, altes Haus, öffne doch einfach mal die Tür deiner Studierstube und spaziere nach draußen zum nächsten Kiosk. Dort kaufe dir ein paar Magazine, studiere sie und arbeite die wesentlichen Thesen heraus. Wenn du das alles getan hast, dann wirst du das Geheimnis kennen.« Genauso mache ich, das Hilfscheckerbunny, das nämlich auch!

Letzte Woche zum Beispiel habe ich mir *In Touch*, *Elle*, *Haper's Bazaar*, *Vogue* und *Gala* gekauft, insgesamt für den Gegenwert von ungefähr 24 Reclamheften. Außerdem habe ich den »Bread & Butter«-Katalog studiert, der war gratis. Folgende Thesen habe ich dabei exzerpiert: »Leo – ein Katzenprint setzt Akzente. Dekorativ auf Fell, Wolle und Seide. Hot mit Rot oder Schwarz!« – »Coole Kopfbedeckungen sind diesen Winter echte Provokateure. Je individueller, desto besser!« – »Hose über Hose. Lässige Bermudas über eine schmale Hose ziehen.

Fertig ist der angesagte Lagenlook.« – »Voluminöse Silhouetten sind jetzt der Inbegriff von cool!« – »Black Beauty, die Rockergöre, die fiktionale Muse von Chefdesigner Ennio Capasa ist erwachsen geworden und trägt nun toughsexy Kostüme.« – »Mysteriös sexy: Mit dem richtigen Feeling getragen ist der Gothic Look *very now*!« – »Hätte Demin politische Macht, gäbe es keine Kriege, denn der blaue Stoff überbrückt historische, gesellschaftliche und kulturelle Diskrepanzen.«

So, liebe Leser, IHR wisst nun, was wichtig ist in der nächsten Saison. Ich wünsche euch viel Spaß beim Shoppen, bleibt gut angezogen und grüßt Descartes von mir, wenn ihr ihn beim Modekaufen seht. Vermutlich bei H & M.

Was sich unsere Modeexpertin Kathrin Passig zum Thema überlegt hat:

Ausstieg aus der Mode

Ich heiße Kathrin, und ich hatte ein Modeproblem. Aber man kann mit der Mode aufhören. Man muss es nur wirklich wollen. Und man muss ganz unten angekommen sein, also bei Leggins oder als Mann bei Lederetuis am Gürtel, in denen das Handy oder in schlimmen Fällen ein Leatherman-Tool aufbewahrt wird. Wenn es mal so weit gekommen ist, führt der erfolgversprechendste Weg zurück in ein normales Leben über ein Zwölf-Schritte-Programm. Zwölf-Schritte-Programme wurden ursprünglich von den Anonymen Alkoholikern entwickelt, eignen sich aber auch zur Bekämpfung von anderen Drogen- und Modeproblemen; ich habe das Verfahren für unsere Zwecke auf die vier wichtigsten Schritte reduziert, weil Modeopfer häufig unter einer extrem verkürzten Aufmerksamkeitsspanne leiden.

Der erste Schritt ist die Selbsterkenntnis: Wir geben zu, dass wir der Mode hilflos gegenüberstehen und unseren Umgang mit Mode und Fashion nicht mehr in den Griff kriegen. Ein Anzeichen für Therapiebedarf kann zum Beispiel sein, dass man bei eBay Kleidungsstücke mit

Sätzen bewirbt wie: »Würde mich freuen, wenn die Jacke in moderne Hände fällt, bitte ordentlich bieten.« Oder: »Eleganz genügt nicht, sie muss gepflegt werden. Dieses Samoon-Shirt von Gerry Weber erzeugt das Nonplusultra an Sinnesreizen, mit diesem Teil findest du Verständnis ohne Worte.« Dann ist es höchste Zeit sich einzugestehen, dass man ein Problem mit der Mode hat und dass es so nicht weitergehen kann.

Der zweite Schritt ist eine gründliche und furchtlose Inventur des Kleiderschranks. Wir gestehen Gott, uns selbst und anderen Menschen die genaue Art unserer modischen Verfehlungen ein und bitten öffentlich um Verzeihung für die Schuld, die wir auf uns geladen haben. Ich sage mal, nur um das Prinzip zu demonstrieren, dass ich in den Achtzigerjahren mit einem schwarzen Edding Frauenzeichen in alle meine Unterhosen gemalt habe, meine Fingernägel mit Tipp-Ex für Ökopapier grau lackiert hatte und jahrelang eine Vokuhilafrisur getragen habe, die hinten mit Henna gefärbt war. Es tut mir leid, und ich möchte mich bei allen Anwesenden stellvertretend entschuldigen. Aber es ist keiner frei von Schuld, zum Beispiel habe ich von FIL erfahren, dass er zur gleichen Zeit eine selbstverfärbende Brille hatte, die manchmal ganz durchsichtig war, manchmal ganz schwarz, aber die meiste Zeit schmutzig gelbbraune Gläser hatte, sodass man aussah wie ein kranker Sittenstrolch. Und auch FIL konnte geheilt werden.

Der Stand der Wissenschaft ist ja heute, dass solche Modeprobleme nicht einfach aus Willensschwäche oder kindlichen Traumata resultieren, sondern dass vermutlich neurologische Ausfälle wie etwa eine Hosenwahrnehmungsstörung zugrunde liegen. Ähnlich wie Magersüchtige oft ihren Körper im Spiegel betrachten und sich denken: »Boah, wer ist denn die fette Sau?«, denkt man sich bei einer Hosenwahrnehmungsstörung zum Beispiel beim Anblick schlimmer Stretchjeans: »Hey, endlich eine Hose, die perfekt passt!« Daher kann das Therapieziel natürlich nicht sein, völlig von der Mode loszukommen; angestrebt wird vielmehr ein normaler Umgang mit Modefragen. Begleitende Übungen können sein, zum Beispiel mal ein Longsleeve-Shirt *über* einem T-Shirt zu tragen oder in einer Lesung zum Thema Mode aufzutreten, obwohl man davon gar keine Ahnung hat.

Im nächsten Schritt bemühen wir uns um aktive Wiedergutmachung. Comicfigurensocken dürfen nicht in die Kleiderspende, wo sie die armen Kinder in der dritten Welt womöglich noch tragen müssen. In die Kleiderspende kommen stattdessen zur Buße nur ausgesuchte Adidasjacken aus der aktuellen Kollektion und Sneakers von diesem Jahr und nicht unter 250 Euro pro Paar.

Im vierten und letzten Schritt versucht man, die Botschaft an andere weiterzugeben. Und wenn einem das gelingt, ohne dabei allzu viele krasse Modewörter zu featuren, dann ist die Krankheit oberamtlich geheilomat!

Modekanon

Dieser Modekanon gilt für alle Menschen und für alle Zeiten:
- Wenn man den Achtzigerjahre-Schlampen-Look anstrebt, sollte man bedenken, dass man hinterher aussieht wie eine Achtzigerjahre-Schlampe.
- Bärte gefallen nicht jedem.
- Eskimos haben zwei Millionen Worte für Schnee, aber keines für »out«.
- Nicht mit Stöckelschuhen auf die Notrutsche!
- Wenn was modisch ist, soll man es sich gleich kaufen, weil es wird nicht ewig modisch bleiben.
- Für Frisuren gilt wie für Handtaschen: Je nichtvorhandener, desto besser.
- Keinesfalls darf man irgendwas in was anderes stecken (Pulli in Hose, Hose in Stiefel, Ohren unters Toupet).
- Metrosexuell ist keine Entschuldigung.
- Uncool sein ist so cool, dass es schon wieder uncool ist.
- Angezogene Herren sollten schwarze Socken tragen, ausgezogene dagegen weiße (wenn überhaupt).
- Es ist in der Kunstgeschichte immer ein Zeichen von Krise und Verfall, wenn die Übergänge nicht gekennzeichnet sind.

Daher zeige man zwischen Hemd und Hose einen kleinen Speckwulst.

- Erst die Hose anziehen, dann die Socken. Beim Ausziehen umgekehrt.
- Wenn man gar keine Ahnung hat und trotzdem modisch gekleidet sein will, kann man jemanden im Bekanntenkreis suchen, der Geschmack hat. Dann geht man mit ihm schwimmen und stiehlt ihm die Kleider.
- Das Camouflagemuster ist das Burberrykaro von Berlin-Mitte.
- Nicht mit nassen Haaren einschlafen.
- Konrad Adenauer hat sich nie für Mode interessiert und war trotzdem Bundeskanzler.
- Modefarbe Braun gilt nicht für die Zähne.
- Mode ist gar nicht so wichtig, Hauptsache, man zieht sich anständig an.
- Keine Mode ist auch eine Mode.
- Du sollst dir Quasten machen an den vier Zipfeln deines Mantels, mit dem du dich bedeckest.
- Das Gegenteil von metrosexuell ist René Weller.
- Die Kleidung wird geschont, wenn man sie vor dem Onanieren ablegt.
- Glatzenrasieren ist verboten, wenn man was in den Medien macht. Außer aus politischen Gründen.
- Eigentlich ist es egal, was man im Darkroom an hat.
- Wollmützen zieht man im Winter an, wenn es kalt ist. Für Drinnentragen einfach so gibt es keine Entschuldigung.
- Unmodische Krawatten kann man immer noch im Bett tragen, wenn man allein ist und das Licht ist aus.
- Alles ist out.

DIE NEUE GEBORGENHEIT!

Was sich das Supatopcheckerbunny zum Thema
»Die neue Geborgenheit« überlegt hat:

Geborgenheit! Das ist ein schönes Wort voller Wärme und Wohl-sein. Finde ich. Eigentlich ein Wort, mit dem man nur ganz po-sitive Assoziationen verbindet und bei dem man sich gar nichts Bö-ses denkt. Trotzdem und gerade deshalb sollte man aber auch einmal innehalten und sich Gedanken machen über die Geborgenheit! Zum Beispiel kann man darüber nachdenken, was Geborgenheit mit *borgen* oder *geborgt* zu tun hat oder haben könnte. Wenn man sich nämlich etwas borgt von jemandem, von einem Freund zum Beispiel oder von der Mutter, dann kann man davon ausgehen, dass man das, was man sich borgt, selber nicht besitzt. Darum muss man es sich ja überhaupt borgen! Allerdings sollte man geborgte Sachen immer zurückgeben an den rechtmäßigen Besitzer. Wenn man sich nämlich öfter mal etwas borgt und die Sachen dann nicht zurückgibt oder erst nach mehrma-liger Mahnung, dann leiht einem irgendwann keiner mehr etwas, und zwar zu Recht.

Mit Geborgenheit hat das so weit also wenig zu tun. Nicht im-mer haben Wörter, die irgendwie ähnlich klingen, immer gleich auch ganz viel miteinander zu tun, zum Beispiel »Wein« und »weinen« oder »London« und »landen«. Es gibt sogar ein beliebtes Kinderspiel, das das beweist, es heißt »Teekesselchen«. Aber auch außerhalb der Tee-kesselchen haben sich viele Wörter, die etymologisch vielleicht noch in irgendeiner uninteressanten Verbindung stehen mögen, bedeutungshistorisch weitgehend auseinandergelebt, wie zum Beispiel »Kunst« und »Können«.

Man sollte sich also am im Wort »Geborgenheit« verborgenen Wort »borgen« nicht so festbeißen, nur weil Eugen Drewermann das vielleicht tun würde. Oder weil manche Leute trotz bedeutungshistorischem Auseinandergelebthabens behaupten, Kunst käme von Können, auch wenn sie damit etymologisch ZUFÄLLIG recht haben. Stattdessen soll man mal lieber darüber nachdenken, was »Geborgenheit« für einen selbst ganz persönlich bedeutet! »Geborgenheit« hat nämlich einen subjektiven Charakter und kann verschiedenen Menschen Unterschiedliches bedeuten, weil nämlich auch die Menschen UNTERSCHIEDLICH SIND trotz vieler Gemeinsamkeiten, finde ich.

Das ist überhaupt sehr faszinierend: Menschen sind GLEICHZEITIG UNTERSCHIEDLICH und GLEICH! Und beides ist wichtig, das lässt sich auch wissenschaftlich ohne Weiteres belegen und nachweisen! Wären wir nämlich nur unterschiedlich, dann würden wir uns gegenseitig absolut gar nicht verstehen und könnten nicht miteinander kommunizieren! Vielleicht könnten wir uns noch nicht einmal gegenseitig sehen! Wenn wir nur EXTREM unterschiedlich genug wären, dann wäre das so. Daraus kann man, wenn man schlau ist, jetzt auch schlussfolgern, dass mitten unter uns vielleicht Menschen leben, die eben so extrem unterschiedlich sind von uns, dass wir sie gar nicht wahrnehmen! Damit meine ich jetzt nicht Ausländer oder so, sondern Menschen, deren Daseinsform unseren Sinnesorganen komplett entgeht. In etwas weniger extremer, aber ähnlicher Form könnte darin auch der Grund zu finden sein, warum manche Leute immer von allen übergangen werden.

Andererseits ist es gut und richtig, dass es eben doch auch Unterschiede gibt unter den Menschen! Die Welt wäre sonst karg und gleichförmig, und alle würden an ein und demselben Ort Geborgenheit suchen, was zu Überfüllung und Verteilungskämpfen führen würde.[2] Zum Glück ist das nicht so, zum Glück empfinden manche Menschen in Gegenwart von WLAN-Strahlen Geborgenheit, manche brauchen

---

2 Siehe auch wissenschaftlicher Nachweis vom Hilfscheckerbunny, S. 24.

TLC[3], und wieder andere kuscheln mit China[4]. In der SB-Halle von Ikea aber findet niemand Geborgenheit.

Natürlich kann man sich im Einzelfall auch einfach nur EINRE-DEN, hier und da Geborgenheit zu finden, wie man sich halt vieles einredet, damit es einem besser geht. Das ist absolut legitim, denn die eingeredete Wirklichkeit IST die Wirklichkeit, und auch das ist schon bewiesen.

PS: Das Gegenteil von Geborgenheit ist entgegen der landläufigen Meinung übrigens NICHT Geworfenheit, sondern FRIEREN.

---

3 Siehe: Was sich das Hilfscheckerbunny zum Thema »Die neue Geborgen-heit« überlegt hat, S. 24.
4 Siehe: Was sich unser Geborgenheitsexperte Christian Y. Schmidt zum Thema überlegt hat, S. 26.

Was sich das Hilfscheckerbunny zum Thema
»Die neue Geborgenheit« überlegt hat:

Geborgenheit bedeutet für jeden Menschen etwas anderes. Das hat das Supatopcheckerbunny ja bereits erklärt. Diese Aussage unterschreibe ich natürlich. Aber – das hättet ihr vermutlich jetzt nicht gedacht – ich habe noch wichtige Dinge hinzuzufügen, die ich selbst mit Hilfe von Lebenserfahrung und Nachdenken herausgefunden habe:

1. Geborgenheit ist von geografischen Bedingungen abhängig, und zwar sehr stark!

2. Die Geborgenheit anderer Menschen verträgt sich sehr schlecht mit der eigenen Geborgenheit! Weil ihr vermutlich nicht gleich checkt, was ich damit meine, und weil mir das Supatopcheckerbunny empfohlen hat, Thesen immer wissenschaftlich zu belegen, kommen jetzt Beispiele für diese Thesen.

Ich, das Hilfscheckerbunny, lebe in Deutschland – und zwar in Berlin-Mitte. Wie es sich für einen Bewohner dieser Region gehört, fühle ich mich in einem schön karg eingerichteten Café mit großen Gläsern voller Milchkaffee und mit vielen WLAN-Strahlen sehr geborgen. Wenn die Bedienung dann noch ein schönes Kleid anhat, mir »Guten Appetit« wünscht oder so was, dann bin ich zufrieden und könnte schnurren wie ein Kätzchen vor lauter Geborgenheit.

Wenn ich ein amerikanisches Mädchen wäre – so wie Karen, die Austauschschülerin, die in der zehnten Klasse mal bei uns gewohnt hat –, dann würde ich mich in diesem Café nicht geborgen fühlen. Ich würde es karg und ärmlich finden, dieses Café ohne Rüschen; und ich würde vor allem unter dem Personal leiden! Weil Amerikaner nämlich mehr brauchen als nur »Guten Appetit«. Amerikaner, zumindest war das bei Karen so, brauchen TLC! Und zwar in großen Mengen und überall. TLC bedeutet »Tender Love and Care«, und davon gibt es in Deutschland eindeutig zu wenig, wie Karens Vater uns damals besorgt am Telefon erklärt hat. Meine Mutter hat das nicht ganz verstanden, aber ich wusste gleich, was los ist. TLC klingt nicht nur voll schick, sondern auch wie eine Droge. Und von dieser Droge sind die Amerikaner eben abhängig. Wenn sie fehlt, dann kriegen sie Heimweh und fühlen sich gar nicht geborgen. Das ist ziemlich einfach und gar nicht so schwer umzusetzen! Die Bedienung in meinem Berlin-Mitte-Café müsste Karen und den anderen Amerikanern einfach ein bisschen TLC mit dem Kaffee liefern. »You are wonderful! You are beautiful! And here is your vegan lowfat Latte Decaf!« Dann wären auch die Amerikaner froh und würden sich dort geborgen fühlen. Aber die Bedienung weiß nichts von TLC und auch nichts von den vielen anderen geografischen Geborgenheitsunterschieden! Nichts davon, dass sich italienische Café-besucher geborgener fühlen würden, wenn sie ein bisschen lauter wäre, und nichts davon, dass die russischen Gäste es kuschelig fänden, wenn sie ein Tigermusterkleid von Dolce & Gabbana tragen würde!

Das kann man jetzt schlimm finden. Aber man kann auch fragen: Ist es wichtig, dass sich unterschiedliche Menschen am selben Ort super geborgen fühlen? Ich würde nämlich sagen: Ist es nicht! (Womit wir bei meiner zweiten klugen These angekommen wären.) Die Geborgenheit anderer Menschen ist nämlich der EIGENEN Geborgenheit gar nicht immer förderlich! Ich weiß, dass das Supatopcheckerbunny mich für diesen Satz wahrscheinlich schimpfen wird. Sie wird mir erklären, dass jeder Mensch ein Recht darauf hat, Geborgenheit zu leben. Das weiß ich ja auch. Eigentlich. Aber neulich im Café, als am Nebentisch ein Achtjähriger gestillt wurde und noch einen Tisch weiter jemand seinem Hund zärtlich Hodensalbe aufgetragen hat, da hat mich diese Geborgenheit irgendwie gestört. Und ich glaube, anderen Menschen geht das auch manchmal so!

*Was sich unser Geborgenheitexperte Christian Y. Schmidt
zum Thema überlegt hat:*

Dicke, weiche Wolke China

Keine Ahnung haben und in China leben – das ist das Glück.
Laozi, 6. Jahrhundert v. Chr.

Es gibt 40 000 chinesische Schriftzeichen. Von zehn weiß ich, was sie ungefähr bedeuten. Das heißt: Ich bin ein Analphabet in China. Ich kann kein Buch lesen, keine Zeitung, keine Werbung, keine Speisekarte. Und ich weiß, ich werde es nie können. Nicht so, wie ich Deutsch oder Englisch lesen kann oder Spanisch und Russisch könnte, wenn ich wollte. Ich verstehe auch kaum, was die Leute auf der Straße, im Radio oder Fernsehen sagen, denn mein Wortschatz ist immer noch sehr klein.

Ich weiß praktisch nichts über chinesische Geschichte. Qin, Chin, Ming, Qing – diese ganzen Dynastien klingen so eklig ähnlich. Ich habe längst vor der Aufgabe kapituliert, sie in die richtige Reihenfolge zu bringen. Sowieso ist in 5000 Jahren chinesischer Staatlichkeit einfach zu viel passiert. Ich begnüge mich also mit kleinen Brocken, die mir ein paar Bücher oder das Internet zuwerfen. Was aber die aktuelle Politik angeht, so kenne ich gerade mal den chinesischen Präsidenten und den Premierminister mit Namen. Doch wer ist Verkehrsminister, oder wie sieht der Bürgermeister von Peking aus? Wie heißt der Bezirksvorsteher meines Stadtteils? Gibt es so etwas überhaupt? Ich habe keine Ahnung.

Ich weiß nicht, worauf in China die Todesstrafe steht, ich kenne eigentlich gar keine Gesetze. Ob die Eier im Supermarkt von Hühnern aus Käfighaltung stammen oder von welchen aus dem Freiland – ich habe keinen Schimmer. Wurde der Salat mit Quecksilber gedüngt, Penicillin, Pech oder Schwefel. Salat? Ich weiß noch nicht einmal, wie das Grünzeug heißt, das ich gelegentlich im Supermarkt kaufe. Und eigentlich habe ich auch keine Ahnung, wo ich bin. Okay, die Stadt heißt Peking. Aber wie heißen diese ganzen kleinen Nachbarstädte im Norden, Westen, Süden? Wie weit erstrecken sich die Berge links von mir? Und sind es nicht in Wirklichkeit 60 000 Schriftzeichen und 4000 Jahre Staatlichkeit?

In Deutschland waren mir solche Fakten geläufig. Ich kannte mich aus. Ich war *Spiegel*-Leser, wenigstens eine Zeit lang, ich las *FAZ*, *taz* und noch einen Haufen anderer unnützer Blätter. Ich war dagegen oder dafür, ich hatte zu allem eine feste Meinung. Und ich machte mir Sorgen um Politik, Umwelt, Menschheit, Zukunft. Damit ist es in China vorbei. Ich bin unbesorgt, weil ich weiß, dass ich keine Ahnung habe. Ich glaube einfach, dass die chinesische Regierung eine Politik macht, die ganz in Ordnung ist. Die Lebensmittel sind gesund, genauso wie die Luft, das Rauchen, Biertrinken und Eingeweideessen. Am besten gefällt mir altem Zwangsleser, dass ich nicht lesen kann. Ich finde das sehr entlastend.

Ich meine festgestellt zu haben, dass es auch den anderen Ausländern hier genauso geht wie mir. Natürlich gibt es Sinologen, die die Sprache fast perfekt beherrschen, Historiker, Wirtschafts- und Umweltexperten, die viel mehr über China wissen als ich. Aber das, was man wissen könnte über dieses unendlich große Land mit seiner langen Geschichte und seiner nicht überblickbaren Zahl von Menschen, ist so viel, dass jeder, der bei Sinnen ist, weiß, dass er nicht das Gesamtbild sieht, sondern allenfalls blinzelt.

Das macht milde im Umgang miteinander. Natürlich hat jeder, der hier wohnt, am Ende doch ein paar Ansichten über Land und Leute. Aber die sind ganz verschieden. Der eine prophezeit China eine leuchtende Zukunft, der andere den baldigen Zusammenbruch. Oft denkt man selbst an einem Tag dies und am nächsten schon wieder das. Aber weil niemand etwas wirklich weiß, hören wir den anderen zu und halten noch die wirrste China-Theorie für irgendwie plausibel. Im Westen mag man uns für regressive Weicheier halten. Ich hingegen fühle mich in der dicken Wolke, die mein Erkenntnisvermögen umnebelt, geborgen wie noch nie.

Überhaupt: Muss man sich nicht geborgen fühlen, wenn man dieses Land nur einmal genau betrachtet? Sieht China aus dem Weltall nicht aus wie ein großes Nest? Nur zum Ozean hin ist es offen, doch von drei Seiten bilden die höchsten Gebirge dieser Welt seine Wände. Und dort, wo ihnen die Gebirge nicht hoch genug waren, haben die Chinesen eine Mauer gebaut, damit jeder, der in China lebt, sich noch geborgener fühlen kann.

Vielleicht wohnen in China deshalb so viele Menschen so dicht an dicht. Auch das macht sehr gelassen. Mao Tse-Tung sagte 1946 zu der amerikanischen Journalistin Anna Louise Strong: »Die Atombombe ist ein Papiertiger … Sie sieht fürchterlich aus, aber in Wirklichkeit ist sie es nicht.« Mao konnte so sprechen, weil es so viele Chinesen gibt. Selbst wenn man ein paar Atombomben auf sie schmeißt, bleiben immer noch sehr viele übrig. Und Mao hatte recht. Tsunami, Erdbeben, Klimakatastrophe, Supergau, Invasion von der Wega – letztlich kann den Chinesen gar nichts passieren. Und jedem anderen, der in China lebt, auch nicht. Geborgener geht es ja wohl kaum.

Was unser wissenschaftlicher Assistent Cornelius noch zu ergänzen hat:

Respekt erst mal für die Bunnies: Furchtlos und unbekümmert schreiten sie einmal mehr einher auf philosophisch schwer vermintem und vernarbtem Gelände, gut gerüstet mit semantischem und etymologischem Eigensinn. Für die philosophische Aufladung des Terrains »Geborgenheit« wieder einmal verantwortlich: Martin Heidegger. Immer wenn ein deutsches Wort alt, unbestimmt tief und doch vom ganz Einfachen herkommend klingt, sollte man erst mal nachsehen, ob Heidegger was daraus gemacht hat, der alte Hexer. Und wenn man da was findet, dann ist auch Adorno nicht weit, mit der Peitsche, die auf »falsch« knallt. Bei Geborgenheit hat Heidegger also wieder zugelangt, und der Kern der Sache ist, in nur geringer seitlicher Abweichung von den etymologischen Assoziationen des Supatopcheckerbunny: »die Bergung«. Bergung, so sagen es die Weisen, ist Sicherung und Rückführung des Lebens aus einer Not heraus, eine Reaktion auf ein Unglück oder Unheil, in die das Leben geraten war, im Extremfall: Lebensbergung, eine Entgegnung auf Tödliches. Heideggers Philosophie, die sich aus dem Tod begründet, hat diesen Begriff daher zu einem wesentlichen Bezugspunkt gemacht.

Weder davon noch von Adornos Verdikt, dass Kitsch »falsche Geborgenheit« ist, wissen die Pastoren, die sich in der Folge des Wortes angenommen haben. Nicht, dass man sich wünschte, Neueinsätze des Wortes immer nur aus philosophischen Hütten zu erfahren (zuletzt der Lieblingsphilosoph der Bunnies, Peter Sloterdijk, mit der Formulierung, die ursprüngliche Geborgenheit sei das behütete Wohnen in der »Blase«, die »Klausur in der Mutter«). Aber wenn Dr. Wagner von der Evangelischen Akademie Tutzing übernimmt, dann geht es derart drunter und drüber, dass man erst einmal in einem kühlen Seminarraum durchatmen möchte. Er nämlich schreibt:

Geborgenheit, ein Lebenselixier wie täglich' Brot? Oder bestenfalls Zufall, Geschenk, Traumkitsch, naiver Krimskrams? Was machen wir, griechisch poiein, um geborgen zu sein? Was birgt, schützt, begrenzt uns? Was haben wir gem/einsam gegen die Arsenale an Unbehaustheiten in der Hand?

Tja, was machen, griechisch poiein, wir da? Genau. Die Bunnies reinrufen, mit der Peitsche ihres Eigensinns.

VERBRECHEN & MORE!

Was sich das Supatopcheckerbunny zum Thema
»Verbrechen & More« überlegt hat:

Mir und ein paar Leuten aus meinem Bekanntenkreis ist es schon öfters aufgefallen, dass die Nachrichten im Fernsehen und in der Zeitung und selbst die Nachrichten im Radio im direkten Vergleich zum normalen Alltag, den man selbst erlebt, überdurchschnittlich voll sind mit Berichten zum Thema Verbrechen. Deshalb sagen die Menschen immer wieder zu mir: Du, Supatopcheckerbunny, es scheint uns, als passierten auf der Welt ziemlich viele Verbrechen! Denk da mal drüber nach!

Dergestalt sensibilisiert, fällt einem dann schnell auf, dass auch Filme, Romane und GANZE OPERN ihre Themen und Konfliktsituationen nicht selten aus der Welt des Verbrechens beziehen. Und zwar international und durch die Jahrhunderte.

Doch halt! Entsteht hier nicht in gewisser Weise auch ein Zerrbild? Ist unsere schöne Welt denn nun wirklich so voller Verbrechen, wie viele Menschen meinen, nur weil die Nachrichten im Fernsehen und in der Zeitung und selbst ganze Opern immer davon berichten? Ja und nein!

Natürlich gibt es Verbrechen auf der Welt, und jedes davon ist eines zu viel! Aber andererseits sind, wenn man es mal zusammenrechnet, viel mehr Menschen keine Verbrecher, als dass Menschen Verbrecher sind. Und auch viel mehr Taten und Handlungsweisen sind ganz normale oder sogar freundliche Taten und Handlungsweisen als verbrecherische Taten und Handlungsweisen. Zum Beispiel wird in den Geschäften letztlich viel mehr gekauft als geklaut! Sonst könnte unsere Ökonomie auch gar nicht funktionieren, oder die Preise müssten steigen.

Nur ist es wohl einfach so, dass die Menschen sich für verbrecherische Missetaten mehr interessieren als für ganz normale oder sogar freundliche Taten und Handlungsweisen, und das gilt selbst für diejenigen Menschen, die selber gar nicht unbedingt solche Missetaten begehen! Ein ganz gutes Beispiel dafür ist zum Beispiel auch jeder einzelne selber. Um mal die Leute zu sehen, die sich immer für Verbrechen interessieren, kann sich jeder einfach mal selbst angucken.[5]

In der Medienbranche, zu denen auch die Zeitungen, das Fernsehen und die Opern gehören, sagt man darum: »Bad news are good news« – eine Paradoxie, die sich durch die Verquickung zweier Sachverhalte erklärt: Nämlich erstens, dass die Menschen sich immer für das Verbrechen interessieren, und zweitens, dass die Medienbranche Geld verdienen will, wie andere Verbrecher auch. Und so kommt es dann schließlich zu einer medialen Verbrechensakkumulation, durch die das subjektive Sicherheitsempfinden über die Maßen negativ beeinträchtigt wird! Und dann kommen die Leute zu mir und sagen: Denk da mal drüber nach!

Dem ganzen hysterischen öffentlichen Interesse am Verbrechen steht außerdem der generell sehr schlechte Ruf des Verbrechens gegenüber. Offenbar wollen sich alle immer das Verbrechen gerne von fern mal angucken, aber den eigenen Besitz oder die eigene körperliche Unversehrtheit will freiwillig keiner für ein Verbrechen zur Verfügung stellen. Und, um die Situation noch unübersichtlicher zu gestalten, geht das auch gar nicht! Denn in diesem Fall wäre es sogleich gar kein Verbrechen mehr. Die Ökonomie des Verbrechens beruht in den allermeisten Fällen nämlich auf einer Nichtübereinstimmung in den Zielen der Interaktionspartner! Natürlich gibt es auch zu dieser Regel Ausnahmen und Interpretationsfähiges, wie zum Beispiel einvernehmlichen Kannibalismus oder Verstöße gegen das Betäubungsmittelgesetz. Die Handhabung des Betäubungsmittelgesetzes kennt zwischen Singapur und Amsterdam deshalb auch ganz unterschiedliche Schattierungen.

---

5 Dafür braucht man entweder einen Spiegel oder Spezialaugen.

Zuletzt darf nicht unerwähnt bleiben, dass am Verbrechen natürlich nicht nur viel Unterhaltung (Sherlock Holmes, Dostojewski, James Bond, Tatort, Gerichtsshows), sondern auch viele Arbeitsplätze hängen. Polizei, Gerichtswesen, die Schloss-, Alarmanlagen- und Waffenindustrie, Gefängnispersonal und sehr viele gutausgebildete Juristen würden bei plötzlichem Wegfall sämtlicher verbrecherischer Energie sehr bald auf der Straße sitzen. Die Presse habe ich ja schon erwähnt. Wie auch die Ärzte leben all diese Leute von der Sache, die sie bekämpfen! Ohne Verbrechen, und in der Folge ohne Job, würden sich einige dann in Alkohol und Drogen flüchten, andere vielleicht die Seiten wechseln und am anderen Ende als Verbrecher wieder herauskommen, sodass es dann schließlich doch wieder Verbrechen geben würde und Bedarf für Polizei, Juristen und Strafvollzugsanstalten!

Ein Teufelskreis, bei dem der Teufel selbst die Finger mit im Spiel hat!

SUPATOPCHECKER BUNNY

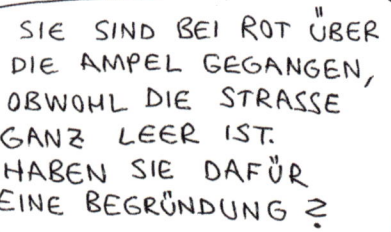

Was sich das Hilfscheckerbunny zum Thema
»Verbrechen & More« überlegt hat:

Warum finden es die Menschen immer so schrecklich, wenn sie ins Gefängnis gehen sollen? Das ist eine Frage, die mich, das Hilfscheckerbunny, sehr beschäftigt hat. Denn ich persönlich stelle mir so eine kleine Inhaftierung herrlich vor: Man darf herumsitzen und hat keine Verpflichtungen und Termine!

Wenn man dem Internet glaubt, dann sind die meisten Gefängnisse außerdem ziemlich toll. In der Schweiz zum Beispiel (so schreibt ein Mann aus Florida) dürfen Kriminelle ihre Handys nicht nur benutzen, sondern damit auch den Pizzaservice bestellen! Und in Bolivien ist es noch viel besser, wie die *Rheinzeitung* fast schwärmerisch berichtet: »Einen Aufenthalt wie im Luxushotel bietet das bolivianische Gefängnis in Palmasola seinen Insassen. Einige der Zellen sind mit Billardzimmer, Klimaanlage und Kabelfernsehen ausgestattet. Für die Unterbringung in den bis zu 200 Quadratmetern großen Zimmern müssen die Häftlinge umgerechnet rund 50 000 Mark zahlen. Es gibt aber auch billigere Zellen für weniger als vier Mark pro Nacht. Zum Gefängnis gehören auch Friseur, Eiscafé und Sauna.« Und der *Blick* aus der Schweiz schreibt über einen in Deutschland Inhaftierten: »Seine Opfer suchte der Menschenfresser übers Internet, saß nächtelang hinter dem Computer. Jetzt im Gefängnis hat er echte Freunde zum Reden gefunden. Auch das Essen schmeckt ihm. Vor allem die Eintöpfe mit Würstchen findet er lecker.«

Also wirklich: leckere Würstchen, Handy, Friseur − und das alles etwa in Kolumbien für nur vier Mark[6] pro Nacht … davor muss sich keiner fürchten! Das ist doch sehr erstrebenswert! Und um an dieses Leben in Saus und Braus heranzukommen, habe ich mir überlegt, wie

---

6 *Vier Mark ist wirklich günstig! Das sind nur zwei Euro, allerdings muss man die vier Mark erst mal auftreiben, ich zum Beispiel habe gar keine mehr! STCB.*

ich am schnellsten kriminell werden könnte. Ladendiebstahl, so dachte ich, müsste ideal sein: Sehr einfach und erfordert keine Vorkenntnisse. Man muss höchstens aufpassen, dass man nicht etwas sehr Billiges stiehlt (Zehnerpackung Scheibletten-Käse etwa), weil man dafür nicht ins Gefängnis, sondern ins Altersheim kommt – zum Sozialdienst!

Mein Plan war zumindest in dieser Beziehung bombensicher! Ich wollte das sehr kostbare Bernsteinzimmer stehlen. Weil ich aber nicht genau wusste, wo das überhaupt ist, habe ich im Internet nachgesehen. Leider hat sich dabei herausgestellt, dass mein Plan insgesamt doch nicht so super ist. Denn auf einer Seite für traurige Schüler, auf die ich nur zufällig geraten war, schrieb ein Mädchen namens »Schnüffi«: »Am Montag haben Sandy und ich uns im Turboschuh getroffen. Sie hat erzählt: ›Ich würde so gern den Schmuck haben, aber nicht zahlen.‹ Anfangs hab ich nicht kapiert, was sie meint, bis ich gecheckt hab, dass sie es stehlen will. Das Billigste hat sie gekauft und den Rest eingesteckt. So ging das dann in jedem Laden weiter, also bei Orsay, Pimkie und H&M. Und hinterher hat sie mir grinsend ihre Beute gezeigt.« Ein paar Zeilen weiter unten schrieb Moni: »Ich bin 19 Jahre alt und gestern beim Klauen einer Lesebrille für 9,99 Euro erwischt worden. Es war das erste Mal, dass ich so was gemacht habe, es war einfach aus Langeweile.«

O weia! Wisst ihr, was das bedeutet? Es bedeutet, dass Ins-Gefängnis-Kommen doch schrecklich ist! Weil man dort nämlich mit Menschen eingesperrt wird, die Pimkieklamotten und Lesebrillen für 9,99 Euro tragen! Das kommt für mich, das Hilfscheckerbunny, nun wirklich auf gar keinen Fall in Frage – günstige Würstchen, Handy und Friseur hin oder her! Da entscheide ich mich doch lieber gegen das Verbrechen und bleibe anständig. Und ich hoffe, ihr jetzt auch!

Vorschläge für alternative Strafen und Besserungsmethoden

- Berliner Weiße mit Schuss trinken müssen
- Eine Woche im Musterhaus wohnen müssen
- Als Grillwalker arbeiten müssen
- Das eigene Auto mit dem Schlüssel zerkratzen müssen
- Bei Brottrunk und Grünkernsuppe in einen Orgonakkumulator gesperrt darüber nachdenken müssen, was man vielleicht besser hätte machen können
- Nur noch mit wasserlöslicher Fingerfarbe taggen dürfen
- Zahnarzttester werden müssen
- Sein ganzes Geld an den AStA überweisen müssen
- Statt Abi 05 Erstkommunion 08 aufs Auto schreiben müssen
- Im Sommer seine Wintersachen tragen müssen und umgekehrt
- 20 Hiebe mit dem Swiffer-Staubmagneten
- Ein Volontariat beim *Wachtturm* machen müssen
- Die guten Vorsätze der letzten 20 Silvester auf einmal umsetzen müssen
- Verbannung auf eine touristisch überlaufene Insel oder in einen Trendbezirk
- In die Hölle müssen
- So weitermachen müssen wie bisher
- Alte Brieffreundschaften wieder aufnehmen müssen
- Einen großen Stein einen Berg hinaufrollen müssen, der immer wieder runterrollt
- Das eigene Verbrechen pantomimisch darstellen müssen
- Herbstfarben tragen müssen, wenn man eigentlich Frühlingstyp ist
- Die Sünden der Menschheit auf sich nehmen und dafür am Kreuz sterben müssen

Verbrechen, die schärfer oder überhaupt geahndet werden sollten

- Sich was borgen und dann nicht zurückgeben
- Leute mit Fragen behelligen, bevor man überhaupt gegoogelt hat
- Alles, was Jamba macht
- Niedliche Tiere erschlagen
- Vordrängeln
- Falsche Plusquamperfekte
- Unterirdische Gehirnwaschanlagen
- Betteln, obwohl man Geld hat
- Das einzige Klo zum Koksen blockieren
- Pfandflaschen wegschmeißen
- Vorbereitung eines Angriffskrieges
- Viel arbeiten für wenig Geld
- Idealismus
- Einkaufswagen in die längste Schlange zurückstellen
- Die Verkäuferin an der Käsetheke in unnötige Gespräche verwickeln
- Links auf der Rolltreppe stehen
- Sich das Lachen verkneifen, nur weil man's dem andern zeigen will
- Mit geschlossenen Augen einen mit giftigen Chemikalien beladenen LKW durch eine Spielstraße in einem Naturschutzgebiet fahren und dabei mit dem Handy telefonieren
- Übertrieben eigensinnige Dribblings
- Auf Werbung reinfallen
- Französische Filme, in denen es regnet
- Französische Filme, in denen es nicht regnet
- Französisch als Pflichtfach
- Rechnen mit imaginären Zahlen

- Seinen Nachbarn mit Hilfe umgebauter Mikrowellengeräte in den Wahnsinn treiben
- Rauhaardackel, die man nicht mehr gebrauchen kann, in die Babyklappe legen

Was unser wissenschaftlicher Assistent Cornelius als weiterführende Literatur empfiehlt:

Anonym: Entdeckung und Strafe geheimer Verbrechen. Eine Sammlung merkwürdiger Beyspiele der göttlichen Gerechtigkeit, zur Warnung und Bekehrung des Volks und der Jugend. Halle: Waisenhaus, 1804.

Capote, Truman: In Cold Blood. A True Account of a Multiple Murder and Its Consequences. New York: Random House, 1965.

Ellis, Bret Easton: American Psycho. New York: Vintage Books, 1991.

Foucault, Michel: Überwachen und Strafen. Frankfurt: Suhrkamp, 1977.

Gottschalk, Marie: The Prison and the Gallows. The Politics of Mass Incarceration in America. New York: Cambridge University Press, 2006.

Hahn, Franz: Von der Pflicht zur Denuntiation von Verbrechen. Eine juristische Abhandlung zur Erlangung der Doktorwürde an der Hochschule in Bern. Bern: Jenni, 1839.

Hammett, Dashiell: The White Falcon. New York: Vintage, 1992.

Hauser, Dorothea: Baader und Herold. Beschreibung eines Kampfes. Frankfurt: Fischer Taschenbuch Verlag, 1998.

Hebborn, Eric: Kunstfälschers Handbuch. Köln: DuMont, 2003.

Kafka, Franz: In der Strafkolonie. Leipzig: Kurt Wolff, 1919.

Loos, Adolf: Ornament und Verbrechen. Wien: Prachner, 2000.

Luhmann, Niklas: Das Recht der Gesellschaft. Frankfurt: Suhrkamp, 1993.

Neuzner, Bernd: Wagner. Lehrer. Dichter. Massenmörder. Frankfurt: Eichborn, 2000.

Schott, Carl August: Abhandlung über das Verbrechen der beleidigten Majestät überhaupt und dessen Bestrafung. Nebst einigen allg. Bemerk. über die Quellen der Verbrechen gegen die Obrigkeit und den Mitteln, sie zu verhüten. Tübingen, 1797.

Sister Souljah: The Coldest Winter Ever. New York: Simon & Schuster, 1999.

Talese, Gay: Honor Thy Father. New York: Ivy Books, 1992.

Von Mosheim, Johann Lorenz: Schrift- und vernunftmäßige Überlegung der beiderseitigen Gründe für und wieder die ganz unendliche Unglückseligkeit der Verbrecher Gottes und deren endliche selige Wiederzurechtbringung und Herstellung. Nach Anleitung der Gedanken des Herrn Abt Mosheims, über die Lehre von dem Ende der Höllenstrafen und inniger Hochachtung des unendlichen Verdienstes Christi mit aller Bescheidenheit angestellet. Hamburg, 1751.

TIERE & KEINE TIERE!

*Was sich das Hilfscheckerbunny
zum Thema »Tiere« überlegt hat:*

Tiere! Das ist ein sehr schönes Thema, wie ich finde! Na ja, zumindest fand ich es schön, bis ich die Aufgabe vom Supatopcheckerbunny bekam, was zu schreiben zu dem Thema. Denn natürlich wollte ich einfach eine Internetrecherche machen. Aber als ich »Tiere pro und contra« eingegeben habe, kamen da nur voll ernsthafte Sachen: Ob man sich einen Hund kaufen soll oder nicht, ob man Tiere im Winter füttern soll oder nicht. Und ob man für oder gegen Stierkampf ist. Kotz! – hab ich mir da gedacht. Das interessiert mich doch nicht! Und dann habe ich erst mal ganz alleine über Tiere nachgedacht. Darüber, was mich interessiert in Zusammenhang mit Tieren. Und so.

Dabei ist mir eingefallen, dass ich ja schon mal in Kuba im Urlaub war. Und dass es da viele Tiere gab. Vor allem viele Krebse! Die ganzen Straßen waren voll davon, wegen Krebswanderung. Rote! Blaue! Gelbe! Krebse in allen Farben! An einem Tag haben wir einen Busausflug gemacht – über die ganzen Krebse rüber. Und zwar voll drüber! Alle platt – das hat richtig laut geknirscht. Aber das haben wir im Detail gar nicht gehört, das Knirschen, weil der Touristenführer nämlich ins Mikrophon gesprochen hat: »Siehst du Krebse. Alle Farben. Schöne Krebse. Kannst du essen Krebse – sind schön, schmeckt wie Schweine.« Eine Stunde lang haben wir Krebse platt gefahren, dann waren wir bei einer Krokodilfarm. Da hat uns der Touristenführer rausgelassen und gesagt: »Hier kannst du auch Freizeit genießen.

Gibt es Krokodile. Schöne Krokodile. Is' auch lecker, schmeckt wie Huhn!«

Damals habe ich mir gedacht: Der Kubaner macht das richtig. Der isst nur, was er schön findet. Wir Deutschen, wir sind da anders. Wir essen alles. Auch Hässliches! Puten zum Beispiel. PUTEN! Mit diesem ganzen Labber am Hals! Und keiner findet das irgendwie schlimm, die zu essen! Und die schönen Tiere hingegen, die isst man nicht! Oder nur selten! Dabei glaube ich, dass schöne Tiere viel besser schmecken als hässliche! Und als ich nachgeguckt habe im Internet, habe ich gemerkt, dass andere Leute das auch so sehen. Auf www.doyoo.de schreibt jemand: »Haribo Krokodile sehen nicht nur gut aus, sondern schmecken auch super. 150 Stück = 1050 g.«

Ich jedenfalls werde in Zukunft nur noch Tiere essen, die gut aussehen: Pferde, Delfine und so kleine Seidenäffchen, die gefallen mir nämlich ganz besonders gut!

Was wir Wolfgang Herrndorf zum Thema »Tiere« gefragt haben, und was er geantwortet hat:

Schopenhauer sagte: »Dass uns der Anblick der Tiere so ergötzt, beruht hauptsächlich darauf, dass es uns freut, unser eigenes Wesen so vereinfacht vor uns zu sehen.« Welches Tier zeigt uns dein Wesen so ganz vereinfacht?

Es gibt eine deprimierende Muschelart, die auf einem Stein sitzt und sich im Laufe ihres Lebens insgesamt zwölf Zentimeter in eine Richtung fortbewegt. Ich selbst würde mich eher als einen sympathischen Delfin sehen, einen geistreichen Tümmler oder so was, weiß aber, dass meine Freunde mich allesamt für diese Muschelart halten.

Welche Tiere in der Literatur kennst du? Bewunderst du einige davon?

Es gibt nichts Entsetzlicheres als aus der Perspektive von Tieren – meistens Katzen – geschriebene Prosa. Tiere in der Kunst sind so überflüssig wie Sexszenen.

Was findest du daran überflüssig?

Das Menschliche. Wenn ich mich überhaupt an Tiere erinnern kann, sind es so fiktive wie das Fleisch fressende Pferd bei Duve oder das Angst machende weiße Ding am Südpol bei Poe. Es gibt auch einen ganz reizenden Dackel bei Salinger. Aber auch da gilt meine Bewunderung eher dem Autor als dem Dackel.

Was würdest du einem Haustier als Erstes beibringen?

Aus dem Fenster hüpfen und den Haustürschlüssel vergessen.

Isst du gerne Bunny?

Ist damit Hase gemeint? Hasenbraten? Oder irgendeine Kannibalismus-Anspielung? Seit ich seinerzeit über Armin Meiwes berichtet habe, ist das Thema für mich erledigt, auch wenn ich immer wieder darauf festgenagelt werde.

Schreibe einen Romananfang unter Verwendung der folgenden Elemente: weißes Häschen, Lothar Matthäus, Staubsauger, Zweiter Weltkrieg!

Als Lothar Matthäus eines Morgens erwachte, fand er sich in einen ungeheuren Staubsauger verwandelt.

Da fehlt jetzt aber der Zweite Weltkrieg und das weiße Häschen.

Als Lothar Matthäus eines Morgens erwachte, fand er sich in einen ungeheuren Staubsauger verwandelt. Der Zweite Weltkrieg war gerade ausgebrochen, ein weißes Häschen saß vorm Fenster.

Politisch korrekte Meinungen über Tiere

- Schweine sind reinliche Tiere. Sie wälzen sich im Schlamm, um sich zu waschen.
- Marabus mögen auf der Erde hässlich aussehen, aber in der Luft wirken sie richtig majestätisch.
- Ob sich Hunde von Joggern belästigt fühlen – danach fragt Mensch natürlich nicht.
- Die Paviane empfanden Alfred Brehm auch als das hässlichste, rüdeste, flegelhafteste und deshalb widerwärtigste Mitglied unserer Gattung.
- Schildkröten sind zwar dumm, aber dafür können sie problemlos unter Wasser einschlafen, ohne dass ihr kleines Gehirn dabei Schaden nimmt.
- Nacktmulle sind nicht schamlos – wir sind verklemmt.
- Der Fuchs hat die Gans nicht gestohlen, sondern sich erarbeitet. Außerdem müssen die Fuchskinder ja auch was essen.
- Der böse Wolf ist gar nicht so, wenn man ihn näher kennt. Er hatte eben eine schwere Evolution.
- Komodowarane sind zwar stinkende, giftige Killer, aber dafür gibt es sie auch nur auf einer Insel. Da muss man ja nicht hingehen, die Warane waren schließlich zuerst da.
- Parasiten haben's auch nicht leicht. Sie wären vielleicht lieber Koalabären geworden oder Milchzicklein, aber die Natur lässt es nicht zu.
- Stinktiere sind ja im Grunde auch nur olfaktorisch benachteiligte Eichhörnchen, die in unserer vom Schönheits- und Reinlichkeitswahn befallenen Konsumgesellschaft durch den Rost gefallen sind. Da dürfen sich die »Menschen« ruhig mal an die eigene Nase fassen.
- Mücken soll man nicht erschlagen, denn sie lehren uns das Übergewicht des Glücks über das Unglück. Vergleiche den Tropfen Blut, der ihnen einen weiteren zufriedenen Tag be-

schert und ohne den sie elendig zugrunde gingen, mit dem Tropfen Blut, den du feilbieten kannst, ohne dass sein Fehlen dich beeinträchtigt.

- Der Komodowaran bringt im WWF-Spiel 9000 Punkte und schlägt damit selbst das Riesenrhinozeros (7500 Punkte). Der Pandabär bringt zwar 20 000, ist aber für Schwächlinge.
- Wale explodieren nicht von selbst.
- Man sollte Koalabären nicht immer nur auf ihre Niedlichkeit reduzieren, sondern auch ihre Abgründe und Schattenseiten anerkennen.
- Die männlichen Vertreter einer Spezies sehen zwar oft prächtiger aus als die Weibchen, aber das ist nur ein oberflächlicher Eindruck.
- Die beispiellose Hetzkampagne gegen die Kastanienminiermotte beweist mal wieder schmerzlich unsere mangelnde Toleranz und wird dem internationalen Ansehen Deutschlands sehr schaden.
- Ratten und Kakerlaken leiden extrem unter ihrem schlechten Image. Dabei sind es nur einige wenige Exemplare, die durch grobes Fehlverhalten die ganze Spezies in den Dreck ziehen!
- Auch Katzen sind oft sehr traurig, weil sie mit ihren Haaren Allergien bei Menschen hervorrufen können.
- Einige meiner besten Freunde sind Seegurken.
- Dass der Gletscherfloh eines der primitivsten Lebewesen sei, behaupten fast ausschließlich Leute, die auch nicht gerade SO intelligent sind.
- Krill – die schweigende Masse, die gerne übersehen wird, wenn unsere Intellektuellen am Demonstrieren und Protestsongsingen sind!
- Wer Kotfliegen, Scheißmaden und Koprophage abscheulich findet, sollte wissen, dass es keine Art von Widerwillen gibt, in der man nicht eine Affinität zum Verlangen erkennen könnte.

- Plankton unterm Weihnachtsbaum – da leuchten die Kinderaugen, keine Frage. Doch bald schon sind andere Spielzeuge interessanter, und unsere kleinen Freunde finden sich auf Autobahnparkplätzen wieder.
- Elche schubsen keine Autos um. Die Autos sind schlecht konstruiert.
- Schnirkelschnecken WOLLEN sich gar nicht schneller fortbewegen.
- Die Flunder sieht zwar doof aus, kann sich aber im Gefahrenfall gut verstecken, zum Beispiel in einem Briefkasten oder unter dem Bett. Da hat der Hai dann das Nachsehen.
- Gottesanbeterinnen ermorden ihre Männchen. Ja, zum Henker – warum denn nicht einmal andersrum als in der »zivilisierten« Welt?
- Eintagsfliegen sind trotz ihrer niedrigen Lebenserwartung so gelassen, dass sie nicht dauernd drängeln, fluchen oder hupen würden.
- Stare sind berühmter als Zilpzalps, Amadinen oder Girlitze, aber trotzdem ganz natürlich geblieben.
- Manche Tiere nehmen gern an Tierversuchen teil, weil es eine interessante Abwechslung im Einerlei des Alltags ist und ja auch anderen Tieren oder Menschen hilft. Für Kosmetik ist es aber nicht in Ordnung.
- Hirsche überqueren auch nur die Autobahnen, die Hitler gebaut hat.
- Ölsardinen leben in der Natur gar nicht in Öl, sondern in Salzwasser.
- Der Kolibri hätte leicht auch Klobrilli heißen können. Dieses Schicksal blieb dem drolligen Gesellen aber erspart, weil Adam sich damals mit einer Stimme Mehrheit dagegen entschieden hat. Ganz schön knapp.
- Die Tiere aus dem Kambrium sehen total verrückt aus, manche haben fünf Augen, und man weiß nicht, wo vorne und wo

hinten ist. Aber sie hatten trotzdem auch Gefühle und wollten ein glückliches Leben führen. Wenn man einen Witz erzählte, lachten sie vielleicht wie wir. Und heute sind sie tot und versteinert. Natur kann auch grausam sein.

- Tiere tauchen oft in moralischen Geschichten, so genannten Fabeln, auf. Meist stimmt die in der Fabel beschriebene Verhaltensweise aber gar nicht mit dem Verhalten des Tiers in freier Wildbahn überein. Das ist die künstlerische Freiheit des Autors.
- Der Mensch hat Computer entwickelt, Atome gespalten und den Weltraum befahren. Aber einfach mal still auf einem Seerosenblatt sitzen, vor sich hin quaken und den lieben Gott einen guten Mann sein lassen, das ist bisher nur dem Frosch gelungen.
- Der Hummer altert nicht, sondern kann ewig leben. Aber dann kommt natürlich der Mensch und schmeißt ihn in den Topf. Aus Neid vermutlich.
- Als die ersten Schimpansen aus dem Weltall zurückkamen, grinsten sie glücklich in die Kameras der Journalisten. Denkt man! In Wahrheit ist Grinsen bei Schimpansen aber eine Drohgebärde, die armen Tiere hatten furchtbare Angst und wollten um ihr Leben kämpfen. Es ist eben nicht leicht, einander zu verstehen.
- Polizeihunde machen doch auch bloß ihren Job.
- Borkenkäfer spielen zwar nicht Scrabble, aber würden sie es tun, wären sie bestimmt sehr gut darin.
- Kein Tiger würde jemals »Dariusz Michalczewski« als Kampfnamen wählen.
- Paviane sind nicht schwul. Sie sind nur schwul angezogen.
- Wenn es keine Tiere gäbe, wäre die Evolution nur ein dürres Konzeptpapier mit der richtigen Lösung am Ende.

HILFSCHECKERBUNNY (muss noch viel lernen!)
Mensch, Mensch, gestern hab ich aber ganz schön was getrunken, sag ich euch.
Haha, das ist lustig!
Findest du?
Ja! Ein bisschen Alkohol, davon werden die Leute immer locker!
Weißt du, Hilfscheckerbunny, das stimmt zwar! Aber nur immer locker sein, das ist auch nicht alles! Wichtig ist auch Gesundheit z.B. und regelmäßige Mahlzeiten!

Was sich das Supatopcheckerbunny zum Thema »Tiere & keine Tiere« überlegt hat:

Tiere gibt es auf der Erde schon viel länger als Menschen. Das ist wissenschaftlich bewiesen. Auch in der Bibel erschafft Gott die Tiere, bevor er die Menschen macht, und diese Tiere rennen erst mal ziemlich lange umher, ohne sich dabei groß um schriftliche Kommunikation, die Errichtung bedeutender Bauwerke oder um die Gründung von Imperien zu kümmern. Das hört sich jetzt alles so spaßig an. War es aber nicht unbedingt. Wenn man sich die Mühe macht und zum Beispiel in ein Museum für Naturkunde geht, dann kann man dort erfahren, dass schon damals ganze Tierarten ausgestorben sind, weshalb es diese heute gar nicht mehr gibt! Heute werden diese Tiere mühevoll per Computeranimation wieder hergestellt, um in Filmen mitspielen zu dürfen. Aber das ist irgendwie nicht dasselbe. Speziell die Dinosaurier in den Filmen wirken manchmal unnatürlich und aufgesetzt. Es ist wie mit dem Unterschied zwischen Natur und Kultur – die Grenzen sind fließend, aber manchmal weiß man: Das ist jetzt einfach nicht THE REAL THING!

Leider hat die ganze Zivilisation, die wir Menschen im Laufe der Geschichte mühevoll aufgebaut haben, das Leben für Tiere auch nicht wesentlich erleichtert. Immer wieder kommt es zu Interessenkonflikten zwischen Menschen, Tieren und anderen Daseinsformen, und der Grund dafür ist folgender: Das Leben ist alles andere als ein Luxusbuffet, bei dem sich jeder nehmen kann, was er haben will, und sich dann mit dem vollen Teller gemütlich an einen gedeckten Tisch setzt und in Ruhe speist und dabei noch gepflegt mit den Tischnachbarn parliert! Au contraire! Die Welt ist voll von Futterneid und missgünstigen Nickligkeiten.

Etwa die Kastanienminiermotte (Cameraria ohridella). In einer beispiellosen Hetzkampagne wird seit einigen Jahren von offizieller Seite gegen die kleine Miniermotte Stimmung gemacht, ohne dass irgendjemand auch nur annährend daran Anstoß nähme! Die Springer-Presse ist natürlich ganz vorne dabei, zum Beispiel die *BZ* in Berlin:

Neukölln – Der Bezirk macht jetzt gegen die Kastanienkiller mobil. 50 Sozialhilfeempfänger greifen ab Montag zur Harke. Sie beseitigen die rostbraunen Blätter, auf denen die Larven der gefährlichen Miniermotte sitzen. ›Wir haben unsere Sozialhilfeempfänger um Hilfe gebeten. Die Resonanz war groß. Alle wollten sofort anpacken‹, sagt die Baustadträtin von Neukölln.

Was hier bei aufmerksamem Hinsehen zwischen den Zeilen deutlich wird, ist, dass die Menschen ohne kohärente Begründung die Interessen der Kastanien höher bewerten als die Interessen der Miniermotten. Am Ende profitieren dabei die Sozialhilfeempfänger. Das kann man natürlich so machen! Schließlich benennt man auch landauf, landab ganze Alleen nach den Kastanien, eine Miniermotten-Allee gibt es hingegen in ganz Deutschland nicht.

Ich will das jetzt auch nicht übertrieben engagiert anprangern. Ich möchte nur, dass man darüber nachdenkt, wie Tiere bei uns diskriminiert werden, nur weil sie in ihrem Verhalten vielleicht nicht unseren persönlichen Vorlieben entgegenkommen. Da sollte auch jeder selbsternannte Tierfreund mal aufmerksam in sich hineinhorchen.

Wem das nicht gelingt oder zu krass ist, der kann sich dem Thema auch *ex negativo* annähern und nachdenken über KEINE TIERE. Man kennt das ja schon aus der negativen Theologie: Wenn man nicht so genau sagen kann, wer oder was Gott ist, so kann man vielleicht eher mal sagen, wer oder was Gott NICHT ist. Wer sich jetzt dafür noch weitergehend interessiert, kann das zu Hause gerne noch mal nachlesen zum Beispiel bei Thomas von Aquin oder auch bei Cusanus.

Oder hier erst mal ein paar beispielhafte Definitionen für KEINE TIERE zur Kenntnis nehmen:

Definitionen keiner Tiere:

Schaben – so etwas wie kratzen, aber großflächiger
Pumas – angesagte Turnschuhe
Spinnen – Garn herstellen, doof sein
Pelikan – Gegenteil von Geha
Bulle – päpstliche Verordnung
Bock – Lust
Schlange – entsteht, wenn man sich irgendwie anstellt
Wal – Entscheidung zwischen mehreren Möglichkeiten
Zitronenfalter – ein mühseliger und selten gefragter Beruf
Bunny – sehr schlaues Mädchen
Motte – hat gar keinen echten Doktortitel

Einschub: Keine Pferde
Schimmel – Kultur am falschen Platz (Ausnahme: Käse)
Rappe – Schweizer Pfennig
Brauner – Österreichischer Kaffee
Scheck – Zahlungsersatzmittel
Pony – ins Gesicht fallende Haare
Mähre – grenzt an Böhme
Einschub Ende

Schnecken – Gebäck, Frisur, Girls
Schwalbe – vorgetäuschtes Foul
Hai – amerikanischer Gruß
Yak – amerikanischer Ausruf des Ekels
Kitz – amerikanische Kinder
Boa – Ausruf des Erstaunens
Kater – Aufwachen nach der Party
Klistier – heißt zwar so, ist aber was ganz anderes
Jean-Paul Gaultier – schon dicht dran, aber auch keines
Musketier – immer noch keins

noch viel schlimmer! Keine Tiere! Das heißt nämlich auch: kein Lassie, kein Flipper und kein Kommissar Rex. Das heißt im Wald verbrennende Menschen, unaufgeklärte Morde, schreiende und verzweifelte Kinder, wohin das Auge reicht! Damit will man doch nichts zu tun haben! Das ist doch schlimm!

Na ja, das hab ich damals alles gedacht. Gesagt hab ich es natürlich nicht. Gott sei Dank! Weil sonst hätte ich gar nicht weiter über das Thema »keine Tiere« nachgedacht! Und hätte niemals gemerkt, was für ein faszinierendes, unglaublich komplexes Thema das ist, dieses »keine Tiere«! Und mir wäre vor allem nie eingefallen, dass es wirklich Zeiten und Räume gibt, in denen sich Menschen sehr, sehr sehnlich wünschten, es gäbe keine Tiere!

Als ich acht Jahre alt war, wünschte ich mir selbst zum Beispiel mal sehr stark, dass es keine Tiere gäbe. Damals wohnte ich in Nordrhein-Westfalen, war katholisch und musste zur Erstkommunion gehen. Erstkommunion, das ist eine prima Sache. Erstkommunion bedeutet: ein super Kleid (das man hinterher nie mehr anziehen darf), Korkenzieherlocken, ein (meistens schon von mehreren Cousinen und Schwestern getragenes) Kunstpelzjäckchen, super Geschenke – aber leider auch BEICHTE.

Beichte! Absurd! Als hätten Kinder was zu beichten! Das wissen natürlich auch die Chefs von der Kirche, deswegen bekommt man ja auch eine Kinderbeichthilfe zur Beichte dazu. Darin steht dann, was man so beichten könnte. Falls einem selbst nichts einfällt. Eben zum Beispiel so was: Ich habe Widerworte gegeben, ich habe geklaut, ich war zornig und wütend, ich hatte schlechte Gedanken. Und leider auch, irgendwo weiter unten: Ich habe Tiere gequält. Ja – das stand da, und das war ganz schön scheiße! Weil ich das nämlich getan hatte! Und es hatte sogar Spaß gemacht! Tja, und ohne Beichte wäre ich dafür vermutlich in die Hölle gekommen.

In die Hölle – wegen Ameisen! Das muss man sich mal vorstellen: Wegen kleinen, hässlichen Ameisen kommen ganze Kinder in die Hölle! Da ist es doch kein Wunder, dass man sich wünscht, die wären tot, und sie mit fiesen Fallen aus Salzwasser und mit dem rechten Daumen ausrottet. Oder etwa nicht?

tirer – klingt zwar nach Mehrzahl, ist aber französisch

Satire – immerhin lustig

Nacktmull – Verband ohne Kleidung

Nikolaus – 6. Dezember

Rüde und Barsch – beides unfreundlich

Moräne – was der Gletscher übrig ließ

Ente – Falschmeldung, Krankenhausutensil, Automobil

Wanze – Abhörgerät

Kuckuck – Klebemarke des Gerichtsvollziehers

Molch – Lauf- oder Passkörper, der eine Rohrleitung mit eigenem Antrieb oder mit Fremdenergie durchfahren kann und den Inhalt hinausschiebt, mit dem Ziel, diesen möglichst zu entfernen

Echse – Männer, mit denen man nicht mehr zusammen ist

Hecht – Köpper

Star – berühmtes Wesen

Rochen – Imperfekt Plural von riechen

Gepard – Imperfekt Singular von paaren

Gremlins – liebe Flauschkugeln, die böse werden, wenn man sie nass macht

Taube – schwerhörige Frau

Lama – Gegenspieler zum Fixer

Gans – doppelt so viel wie halb

Rentier – jemand, der von den Erträgen seiner Finanzanlagen lebt

Hund – kann man einen Hund mit durch die Gegend schieben, meistens aber Möbel

Egel – Tierporno von Polanski

Krebs – Krankheit, die sich leider nicht nur seitwärts bewegt

Büffel – Aufforderung zum Lernen

Wels – Aufforderung zum Umdrehen im Liegen

Stör – Aufforderung zum Stören

Robbe – Aufforderung zum Auf-dem-Bauch-Kriechen

Drossel – Aufforderung zum Würgen
Herde – viele Öfen
Schwarm – Markus aus der 11a
Mops – Markus heute
Hermelin – Mann von Frau Melin
Maulwurf – was zu essen einschmeißen
Weberknecht – Mitarbeiter in einer Textilfabrik
Made – irgendwas in Hong Kong
Wiesel – ganz kleines Stück Rasen
Grottenolm – Hans-Werner an einem schlechten Tag
Laus – Land in Südostasien
Pfau – Buchstabe
Kuh – noch ein Buchstabe
Zikade – Jahrzehnt
Flamingo – spanischer Volkstanz
Mamba – südamerikanischer Tanz
Dingo – Glücksspiel
Krokodil – Erfinder der Tränen

Was sich das *Hilfscheckerbunny* zum Thema »Keine Tiere« überlegt hat:

Also, ich finde ja meistens alles gut und richtig, was das Supatopcheckerbunny sagt. Oder genauer gesagt: Ich finde IMMER alles gut und richtig, was das Supatopcheckerbunny sagt. Aber neulich, da war das mal nicht so. Da rief mich das Supatopcheckerbunny an und sagte: »Hilfscheckerbunny, denk mal ein bisschen über das Thema ›keine Tiere‹ nach, das wird wahrscheinlich ein Kapitel in unserem Buch.« Da dachte ich: Checkst du's voll noch, Supatopcheckerbunny? Keine Tiere? Das ist doch voll sinnlos, das ist wie keine Ahnung, keine Freunde und kein Geld. Voll schlimm! Und keine Tiere, das ist sogar

Ich finde es jedenfalls okay, wenn man manchmal will, dass es keine Tiere gibt! Und andere finden das ebenfalls! Das merkt man auch im Internet: Da gibt es nämlich viel, was einem hilft, den erstrebenswerten Zustand KEINE TIERE herzustellen! Zum Beispiel unter www. etisso.de findet man ganz tolle Produkte wie: »Delicia Ameisen-Gel. Neuentwicklung mit attraktiven Lockstoffen zur gezielten Ameisenbekämpfung. Die Gel-Formulierung fördert die Aufnahme des Köders, den Transport in das Nest durch die Ameisen und die Weitergabe an alle Nestbewohner einschließlich der Königin.« Oder: »Wühlmaus-frei Power-Riegel (NEU).« Oder: »Schnecken-Linsen in einer einzigartigen Köder-Form, hochattraktiv für Schnecken!«

Wie unser wissenschaftlicher Assistent Cornelius
das Thema in einem Diagramm darstellt:

Bunnygramm "Tiere / Keine Tiere"

	Tier	Kein Tier
Affe	X	
Schimpanse		X
Kinder	X ← X	
Einzeller & Amöben		X
Korallen	X	
Haare	X	
Nacktmull	X	
Quallen		X
Muscheln	X	
Flechten	X	
PILZE !	X ← X ← X	
Blumen	X	X
Tamagotchi		X
Auto	X (PANZER) ⤙ (X)	
Stein		X

Zu diesem Kapitel empfehlen wir folgende Musikstücke:

Curiosity Killed the Cat – Curiosity Killed the Cat
Helge Schneider – Katzeklo
Iggy Pop – Wanna Be Your Dog
Kraftwerk – Die Roboter
Snoop Doggy Dogg – Snoopafella

SUPATOPMACHT USA!

Was sich das Supatopcheckerbunny zum Thema
»Supatopmacht USA« überlegt hat:

Ich persönlich finde, die Leute sind oft ganz schön schnell bei der Hand mit ihren Urteilen über die USA! Hinz und Kunz haben dazu so ihre unausgegorene Meinung. Viele kennen sich nicht einmal richtig in ihrer eigenen Hood aus, wollen aber immer mitreden, wenn es um die USA geht. Und warum? Nur wegen der Amerikasuperpower! Zu jedem Superheld gehört von Rechts wegen eine Superpower! Spiderman hat Spinnenpower, Batman hat Fledermauspower, ich habe Bunnypower. Die Vereinigten Staaten von Amerika haben Ökonomie-, Politik-, Militär- und Kulturpower. Hätten sie das alles nicht, wären Jeanshosen weit weniger populär.

Als ich ungefähr siebzehn war, lebte ich mal für eine Weile in den USA. Ich schrieb in mein Tagebuch: »Das Fernsehen hier ist schlimm! Ständig irgendwelche kindischen Serien, die von Werbung unterbrochen werden. Mir ist langweilig.« Man sieht: Gerade kulturell übernehmen wir sehr viel aus den USA, zum Beispiel TV-Serien mit Werbeunterbrechungen. Das nennt man dann AMERIKANISCHE ZUSTÄNDE. Viele bemäkeln das mit ihrer mäkeligen Art, aber was wäre denn die Alternative? Französische Filme?

Natürlich muss man nicht alles gleich übernehmen und gut finden, was einer macht, nur weil er Superpower hat. Power ist schließlich nicht alles im Leben, man braucht auch noch Weisheit! Der Präsident von Amerika ist jetzt gerade, wo ich dies schreibe, George W. Bush.

(Wobei das »W« in diesem Fall nicht für »Wiesengrund« steht, sondern für »Walker«, was so viel heißt wie »Geher«. So etwas ist möglich in Amerika, wo die Behörden den Leuten viel weniger reinreden in die Namensgebung ihrer Kinder.) Und viele meinen, die Weisheit habe der nicht mit Löffeln gegessen. Das mag zwar sein, aber bevor man damit großspurig rumtönt bei Partys oder im Leitartikel, sollte man vielleicht erst mal in sich hineinhorchen und sich ganz ehrlich die Frage beantworten: Und ich? Habe ich denn selber überhaupt die Weisheit mit Löffeln gegessen? Viele müssen diese Frage dann am Ende leider regelrecht verneinen, aber nicht alle! Ich zum Beispiel habe die Weisheit mit Löffeln gegessen.

»Bescheidenheit bei mittelmäßigen Fähigkeiten ist bloße Ehrlichkeit; bei großen Talenten ist sie Heuchelei«, hat Schopenhauer, ein großer deutscher Philosoph, gesagt. Damit hat er einmal mehr unter Beweis gestellt, dass Dichter- und Denkerpower unser Ding ist, aber das Zitat könnte auch von Andy Warhol sein, dem Amerikaner.

Ist es aber nicht!

Was sich das Hilfscheckerbunny zum Thema
»Supatopmacht USA« überlegt hat:

Als das Supatopcheckerbunny mir das Thema dieses Kapitels mitgeteilt hat, habe ich mir erst gedacht: »Gar nicht so leicht!« SUPATOPMACHT hat schließlich was mit Politik zu tun, und davon versteh ich nicht gerade viel. Aber dann hab ich mir gedacht: Hilfscheckerbunny, mach dich nicht verrückt! Auch in einer Supatopmacht gibt es neben Politikern ganz normale Menschen, die atmen, schlafen, Geld verdienen und manchmal Hunger haben! Guck doch erst mal nach, was die so essen da drüben im Supatopmachtland, vielleicht ist da ja etwas Interessantes zum Darüberschreiben dabei!

Genau das hab ich dann gemacht, ich habe nachgeguckt im Internet und bin auf FAST FOOD gestoßen. Ein wunderbares Thema, das zum Beispiel auch im Rahmen der Projekttage »Projekt USA« an der Leopold-Feigenbutz-Realschule in Oberdingen sehr ausführlich behandelt worden ist (neben anderen Supatopmacht-relevanten Themen wie »Amish People«, »Geschichte der Eisenbahn« und »Marterpfahl bauen«). Ein Schüler schrieb im Rahmen des Projekts: »Amerika. Land des Fast Food (...). Auch wenn man auf Details verzichten will, ein abschreckendes Beispiel kann man sich nicht verkneifen, und zwar den rosa Kuchen! Dessen Teig und die zuckergussartige Masse, die die Amerikaner grundsätzlich auf ihre Kuchen schmieren, ist absolut rosa. Der Kuchen besteht praktisch nur aus rosa Farbstoff, und man ist überrascht, wie es möglich ist, so viel Zucker in ein kleines Stück Kuchen zu quetschen. (...) Auf der einen Seite wollen sie das Gesunde, auf der anderen Seite stopfen sie alles Ungesunde in sich hinein! Man kann also sagen: Amerika ist nicht das Land, in dem gesundes Essen erfunden wurde!«[7]

Ich, das Hilfscheckerbunny, finde: harte Meinung zu einem so nied-

---

7 www.lfr.de/usa/fast-food.htm

lichen Thema wie rosa Kuchen! Nur weil etwas ein bisschen fröhlicher und farbenfroher aussieht als etwa deutsches Graubrot, muss man das doch nicht gleich so verteufeln! Leider steht man im Internet mit dieser Meinung echt alleine da, überall wird hemmungslos gegen amerikanisches Fast-Food-Essen gehetzt. Der eine bemängelt, dass »Fast Food gefährlich ist und die Herzkranzgefäße verfettet«, und der andere findet »Fast-Food-Essen nicht so toll, weil man dann schnell dick wird und nicht mehr gut aussieht«. Die Wissenschaft, von der man Neutralität erwartet hätte, haut gleich noch ein wenig härter in dieselbe Kerbe. So schreibt zum Beispiel das Wissenschaftsmagazin *New Scientist*[8], dass Mäuse, die von Neurologen mit Fast Food gefüttert worden sind, blitzschnell abhängig wurden von der salzhaltigen, süßen und fetten Nahrung! Beim Fritten- (und Rosa-Kuchen-)Entzug haben die Tierchen dann ganz schlimm gezittert und geschwitzt wie Junkies! Naja, ich weiß ja nicht. Fast Food ist vielleicht Mäuse-Heroin, aber wie sieht es mit größeren Lebewesen aus? Ist Fast Food auch für die gefährlich? Die amerikanischen Naturschützer von der Wildlife Conservation Society würden diese Frage mit ja beantworten. Die haben nämlich festgestellt, dass immer mehr Schwarzbären in den USA fettleibig sind.[9] Weil die Bären mittlerweile viel lieber fettige Burger aus Mülltonnen klauen, anstatt sich ökologisch korrekte Nahrung aus dem Wald zu holen.

Ihr seht, viele der Supatopmachtbewohner sehen ihr Fast-Food-Essen sehr kritisch! Das Merkwürdige daran – hierzulande wird das gleiche Essen sehr geschätzt! So schreibt zum Beispiel Boris Kahlenborn, ein Schüler aus Mendig: »Das Schulbrot ist echt ätzend, was sich Mutter bloß wieder bei dem langweiligen Zeug gedacht hat (...) Mit der Clique hier bei McDrive (...) das geht total ab (...) eh (...). Ist doch geil, eh, einfach zu fressen, wenn man Bock drauf hat (...). Nicht so wie heute Abend, wenn wieder Tante Maria und Onkel Edi aufkreuzen und man beim Essen wieder einen auf Familie machen muss.«[10]

Wie gut, dass ich diese Internetrecherche gemacht habe! Denn nun

8   www.naturkost.de/meldungen/2003/030203ev3.htm
9   www.sueddeutsche.de/panorama/artikel/886/22864/
10 www.essenszeiten.de/kapitel1/figur.php?kapitel=5

weiß ich, dass die Amerikaner zwar nicht das gesunde Essen erfunden haben, aber dafür etwas ganz anderes. Den Pessimismus – den haben die Amerikaner erfunden! Deshalb machen sie auch ihr schönes Essen immer schlecht und denken, wenn einer zufällig dumm oder dick ist, dass er selbst dran schuld ist!

Ich glaube, es ist dringend notwendig, dass ich, das Hilfscheckerbunny, bald mal nach Amerika fahre. Dort werde ich mit den schönen pummeligen Bären spielen, rosa Kuchen essen und mich darum kümmern, dass die Amerikaner wieder besser drauf kommen. Schließlich muss man doch stolz sein auf sein Land und seine Früchte! Und fröhlich – statt einfach nur dick!

Was sich unser USA-Experte Murmel Clausen zum Thema überlegt hat:

Adolf Schlumpf

Wenn man als sechzehnjähriger Schüler für ein Jahr nach Amerika geht, hat man ein bestimmtes Bild der Vereinigten Staaten im Kopf, das vor allem durch Fernsehserien und Kinofilme geprägt ist. 1991 war das für mich ein Land, in dem die Jugendlichen mit BMX-Rädern Außerirdische herumkutschieren, Vietnamveteranen in Rollstühlen herumsausen und man sich zu Halloween verkleidet. Mein Wunsch, zu einer Familie in Boston zu kommen, war nur knapp verfehlt worden. Um 209 Meilen, um genau zu sein, was in den USA weniger als ein Katzensprung ist, der amerikanischen Katzen nicht mal ein müdes Lächeln entlocken kann. Man hatte mich nach Vermont gesteckt, dem Staat der Ahornsirupfabrikanten, Vietnamveteranen und Einsiedlerdrosseln.

Vermont gleicht vom Flugzeug aus einem Stück moosbedecktem Waldboden. Man erwartet, am Flughafen von Elfen und Waldschraten begrüßt zu werden, und ist dementsprechend enttäuscht, wenn man dann doch nur amerikanisches Durchschnittsproletariat vorfindet.

Burgerbuddies mit Burgerbodies, die sich kaum voneinander unterscheiden lassen.

Meine Mitschüler an der Mt. Mansfield Union High School hingegen konnte ich sehr schnell in drei Gruppen einteilen: Hippies, Proleten und Behinderte. Alle kamen gut miteinander zurecht. Die Hippies und Proleten lachten gemeinsam über die Behinderten, es gab keine großen Auseinandersetzungen, und wenn man sich nachts in den Wäldern heimlich zum Biertrinken traf, war es egal, wie lang die Haare und wie moonwashed die Jeans waren.

Um mich in das Bild einzufügen, ließ ich meine Haare wachsen, bis die Rednecks mich den »hippie faggots« zuordnen konnten. Nur einer meiner Mitschüler, Eric, weigerte sich, meine Verwandlung zum normalen amerikanischen Schüler wahrzunehmen. Er begrüßte mich immer mit einem freundlichen »Hi, Adolf!«. Trotzdem hatte ich bald das Gefühl dazuzugehören. Ich war einer der 800 Schüler unserer High School geworden und fühlte mich wohl. Bis Halloween.

Aus Kinofilmen wusste ich, dass dieses Fest für jeden Amerikaner *das* Event schlechthin war. An Halloween konnte man beweisen, wie kreativ, witzig und wandlungsfähig man war. Und mir war klar, dass ich mit meinem Kostüm eine neue Ära des originellen Verkleidens einläuten musste, um endlich als »the cool German guy« wahrgenommen zu werden. So kam ich auf die Idee, als Schlumpf in die Schule zu gehen.

Die Verwandlung vom langhaarigen »hippie faggot« in einen Schlumpf ist nicht ganz einfach. Zunächst braucht man eine weiße Trainingshose, einen blauen Sweater, diverse weiße Socken, einen blauen Stummelschwanz und eine lustige Schlumpfmütze. Dazu muss man sich große Cartoonaugen ins Gesicht malen und den Rest der sichtbaren Haut blau schminken. Als der große Tag gekommen war, stand ich zwei Stunden früher auf, sicher, die richtigen Utensilien in der knappen Zeit zu finden.

Die weiße Trainingshose und ein passender blauer Sweater waren zum Glück im Schrank meiner Gastmutter Maureen versteckt, weiße Socken bei meinem Gastbruder J. C. Wenn man ein Paar Socken in eine einzelne Socke steckt und diese dann über seinen Schuh zieht, schaut das schon mal recht schlumpfig aus. Besonders in Verbindung mit der etwas engen weißen Hose und einem halbierten Tennisball, der in eine blaue Socke gestopft und mit einem Gummiband an den Po gebunden wird.

Das eigentliche Problem aber ist die Schlumpfmütze. Dafür kann man sich entweder eine weiße Tennisschlägerhülle auf den Kopf setzen oder aber drei T-Shirts und diverse Socken verknoten und zusammenstecken, bis man irgendwann sagt: »Ja, doch, das lasse ich jetzt mal als Schlumpfkappe durchgehen.« Selbstverständlich entschied ich mich für letztere Variante.

Derart ausstaffiert, war ich gewiss, in der Pause für meine Bemühungen belohnt zu werden. Ich ließ mich von Maureen in die Schule fahren. Dass J. C. seine normalen Kleider trug, deutete ich als pubertäres Auflehnen gegen die Tradition. Ein wenig skeptisch wurde ich erst auf dem Parkplatz der Schule. Dort stiegen alle aus ihren Autos und hatten sich, wenn überhaupt, als amerikanische Teenager verkleidet. Kurzum: Kein Schwein hatte sich kostümiert. Niemand. Nicht einmal die Lehrer.

Dann sah ich sie. Eine Gruppe bunter Menschen, die auf das Schulgebäude zumarschierten. Ein Clown, eine Pizza und ein Zwerg in Windeln. Begleitet von ihren Betreuern. Um das Leben aus der Perspektive eines körperlich behinderten Menschen zu erleben, kann man sich einen Tag lang in einen Rollstuhl setzen, sich in einem abgedunkelten Restaurant blind fühlen, oder man kann an Halloween als Schlumpf verkleidet in eine ganz normale High School marschieren.

»Look, it's Adolf Smurf!«, rief Eric, als er mich sah. Und das war noch einer der originelleren Kommentare, die ich in den folgenden Stunden wegstecken musste. Immerhin ließ er sich bereitwillig darüber belehren, dass »smurf« auf Deutsch »Schlumpf« hieße und er mich deswegen konsequenterweise »Adolf Schlumpf« rufen müsse. Als meine Kunstlehrerin vor der Klasse meine Kreativität lobte, hieß es von Seiten der Schüler, dass das Kostüm peinlich sei. Hinter meinem Rücken wurde gegiggelt. Im Geschichtsunterricht saßen zwei Jungs neben mir, die später meine besten Freunde werden sollten, aber an jenem Tag lachten sie sich über mich kaputt. »Look at that fucking smurf«, flüsterten sie sich ständig zu. In der dritten Stunde wollte ich nur noch nach Hause. Nach München.

Doch dann kam die Durchsage aus dem Direktorat. Die besten Kostüme sollten in der großen Pause prämiert werden. Ich begriff sofort, dass nun die Stunde meines Ruhmes bevorstand. Zum Glück hatte ich die blaue Schminke mitgenommen und konnte meine Stirn, die schon wieder zartrosa glänzte, noch einmal nachbläuen. Der Schweiß der Erniedrigung hatte die Farbe verwischt. So trat ich, frisch aufgeschlumpft, siegessicher in die Schulkantine und gesellte mich zu den 15 anderen Verkleideten. Es hatten sich tatsächlich noch vier halbwegs normale Schüler der Peinlichkeit hingegeben. Neben dem Windelzwerg waren noch eine Erdbeere, ein Huhn, zwei Clowns, ein Cowboy, zwei Feen oder Prinzessinnen, die vier Droogs aus »Clockwork Orange«, eine Maus und die Pizza mit im Rennen um die unbekannte Trophäe. Es sah also gut für mich aus.

Als der Direktor dann mit vier Packungen M&M's in den Händen vor uns trat, wurde mir klar, dass es nicht mehr zu gewinnen geben würde: Peanuts. In Schokolade. Und die würde ich komplett an meine Peiniger verteilen müssen, um zumindest so wieder Sympathiepunkte zu scoren. Immerhin sollte der Gewinner zwei Packungen M&M's bekommen, das originellste Kostüm eine, und die vierte Packung würde an das gelungenste Kostüm gehen. Letzteres war die Pizza, kein Problem.

Dass die Preise für das beste und für das originellste Kostüm von einer Person gewonnen wurden, stieß bei den anderen auf Unverständnis. Es ist nicht fair, dass einer drei Packungen Schokoerdnüsse bekommt und die anderen nichts. Ich jedenfalls hätte das eingesehen und eine der drei Packungen gerne an meine Mitstreiter verschenkt. Sie hatten sich Mühe gegeben und deswegen auch meine Anerkennung verdient.

Der miese kleine Zwerg in seiner beschissenen Windel sah das allerdings nicht so. Stolz wie Bolle in klein nahm er seinen Preis entgegen und lief lachend weg. Fünf Minuten später erschien er in seiner normalen Kleidung und setzte sich zu seinen Freunden an den Tisch, um feixend seine Preisnüsse mit ihnen zu verschlingen.

Ich stand einfach nur blöd da, setzte mich dann an den Idiotentisch und schämte mich für den Rest der Woche in Grund und Boden, bis der Vorfall schließlich in Vergessenheit geriet. Nur einer, Eric, begrüßte mich bis zum Jahresende mit einem freundlichen »Hi, Adolf Schlumpf«.

Zu diesem Kapitel empfehlen wir folgende Musikstücke:

Jens Friebe – Kennedy
Kim Wilde – Kids in America
Leonard Cohen – First We Take Manhattan

VERLIEBTSEIN – PRO & CONTRA!

Was sich das Supatopcheckerbunny überlegt hat
zum Thema »Verliebtsein – pro und contra«:

Über das Thema »Verliebtsein« haben sich bestimmt schon viele Leute einmal oder sogar mehrere Male so ihre Gedanken gemacht. Das hängt damit zusammen, dass bestimmt schon viele Menschen selber mal Erfahrungen gemacht haben mit dem Verliebtsein. Manche haben gute Erfahrungen gemacht damit, und andere vielleicht auch nicht so gute. Wie es halt so ist im Leben! Manche können ja auch gut Mathe, während andere nichts davon checken, noch nicht einmal die Rotation eines Vektorenfeldes. Im Gegensatz zu »Rotation eines Vektorenfeldes« klingt »Verliebtsein« ja erstmal ganz positiv. Aber wenn man mal ein bisschen genauer nachdenkt und mutig aus den üblichen Klischees ausbricht, dann merkt man schnell, dass es bei dem Thema auch problematische Seiten gibt – wie bei anderen Drogen auch.

Erstens kann es passieren, dass man sich verliebt, in eine Person zum Beispiel. Wenn so etwas geschieht, dann wünscht sich jeder, der einigermaßen Zugang zu seinen eigenen Gefühlen hat, dass sich diese Person auch verliebt, und zwar ZURÜCK IN EINEN SELBER. Also in denjenigen, der sich in die eine Person verliebt hat, soll sich diese Person dann auch wieder verlieben. So wünscht man sich das! Manchmal aber macht die Person, in die man sich guten Glaubens reinverliebt hat, entweder keine Anstalten, sich auch zu verlieben, oder verliebt sich dreist in jemand ganz anderes rein, DER MAN SELBST GAR NICHT IST! So hat man sich das nicht vorgestellt, die Sache ist gründlich schiefgelaufen! Solche Fehler im System sprechen auf jeden Fall schon mal gegen (»contra«) Verliebtsein.

Andererseits kann es einem auch blühen, dass die Verliebung erwidert wird. In diesem Fall gerät man schnell in einen rauschähnlichen Zustand, in dem man sich, wenn man nicht aufpasst, schlecht ernährt, Sonnenuntergänge fotografiert, gegen Türklinken läuft oder sich fortpflanzt (siehe Kapitel »Sexualkunde – Werte & Normen!«). Man sieht: Es lohnt sich in jedem Fall, das Verliebtsein mal zu problematisieren!

Natürlich hat das Verliebtsein trotz allem einen festen Platz im Leben des Einzelnen wie auch in der Evolution als Ganzem. Verliebtsein ist wichtig und von kaum zu überschätzender Bedeutung für die persönliche Entwicklung, aber auch für Kunst, Literatur und Schnulzenmusik. »Romeo und Julia« von Shakespeare, um nur mal ein Beispiel zu nennen, wäre ohne die Erfahrung des Verliebtseins niemals geschrieben worden! Das Gleiche gilt allerdings auch für »Groovy Kind of Love« von Phil Collins. Da haben wir dann wieder pro & contra.

PS: Was ich persönlich ganz wichtig finde bei Verliebtsein: dass es von Herzen kommt!

Was sich das Hilfscheckerbunny überlegt hat zum Thema »Verliebtsein – pro & contra«:

Tja. Verliebtsein pro und contra. Das ist ein Thema, bei dem sich immer alle gleich totaaal gut auskennen. Weil sie ja schließlich auch schon mal verliebt waren. Und deswegen meinen, die Materie aus dem Effeff zu beherrschen. Dabei kennen sich nur sehr wenige Leute wirklich gut aus mit dem Verliebtsein. Den meisten anderen wird der objektive Blick auf das Verliebtsein von oberflächlichen Glücksgefühlen versperrt. Das merkt man gleich, wenn man im Internet nachsieht. Da kennt sich auch wieder jeder aus, und alle finden es total schön und positiv, dieses Verliebtsein. Etwa auf www.neon.stern.de/forum finden sich Dutzende von Erklärungen darüber, was Verliebtsein ist. Die Ute schreibt: »Verliebtsein bedeutet für mich in erster Linie glücklich zu sein, in jeder Hinsicht.« Die Biggi schreibt: »Wer verliebt ist, denkt nicht, der ist einfach nur GEFÜHL. Breites strahlendes Grinsen im Gesicht, egal was kommt. Egal was passiert. Kribbeln im Bauch, Schmetterlinge, Flugzeuge, alle da, ganz klar, ganz nah.« Lars schreibt: »(…) man hört zwar keine Engel singen, das ist wohl ein Klischee, aber mir ist immer nach tanzen zumute, ich will immer bei ihr sein, mit ihr reden und und und …« Coppy schreibt: »Wenn ich verliebt bin, bin ich fröhlich und ausgeglichen. Als ob jede Sekunde die Sonne scheint und mein Herz erwärmt.« Und auf www.loversparadise.de schreibt Gummibär: »Na, mein Glucker-Bärchen! Ich bin so froh, dass wir zusammen sind, und immer, wenn du nicht in meiner Nähe bist, dann steigt in mir eine große Sehnsucht auf, die nach dir schreit!«

Ich, das Hilfscheckerbunny, finde es erschreckend, dass hier nur von Liebe und »glücklich sein« die Rede ist. Klar, natürlich ist jeder gerne mal glücklich. Aber, das ist doch nicht alles im Leben! Man muss doch zwischendrin auch an die reellen Dinge denken! An Geld zum Beispiel! Und Geschenke. Ich persönlich finde, das Beste am Verliebtsein ist, dass man Geschenke bekommt und verschiedene Dienstleistungen gratis erhält! Zum Beispiel: Uhren, Halsketten, Cabrios, Blusen, Blumen, Pralinen, Massagen, Fahrradreparaturen und noch viel, viel mehr. Ach, man könnte vermutlich dieses ganze Buch mit einer endlos langen Liste von Dingen füllen, die man von verliebten Menschen geschenkt bekommen kann. Und die man, das ist das Allerbeste, auch behalten kann, wenn man dann irgendwann nicht mehr verliebt ist.

Also: Ich, das Hilfscheckerbunny, kann, auch aus meiner persönlichen Erfahrung heraus, das Verliebtsein sehr empfehlen!

KONFLIKTE & AUSEINANDERSETZUNGEN!

Was sich das Supatopcheckerbunny zum Thema
»Konflikte & Auseinandersetzungen« überlegt hat:

Konflikte und Auseinandersetzungen sind etwas ganz Natürliches! Auch in den besten Familien kommt es manchmal zu Konflikten. Das ist auch kein Wunder, wenn man sich mal klarmacht, wie viele potenzielle Anlässe es gibt für Konflikte und Auseinandersetzungen. Tausende und mehr pro Mensch respektive pro Mensch, der auf andere Menschen trifft, wobei man die jeweiligen Konfliktpotenziale der sich treffenden Menschen dann jeweils nochmal miteinander multiplizieren muss. Hinzu kommen nochmal abertausende potenzielle Konflikte pro Staat. Damit wäre auch geklärt, welche zwei Arten von Konflikten es gibt – nämlich erstens: Es gibt zwischenmenschliche Konflikte. Und zweitens: Es gibt zwischenstaatliche Konflikte. Ich will jetzt gar nicht vorwegnehmen, welche besser sind. Beide haben ihren Reiz.

Ganz zu schweigen übrigens von den inneren Konflikten, die ja zu den faszinierendsten gehören und die nicht selten andere Konflikte überhaupt erst ermöglichen! Merke jedoch: Ein innerer Konflikt ist zwar leicht anzuzetteln, hinterher ist es dann aber umso schwerer, den wieder loszuwerden. Man kann nicht einfach zu den inneren Konfliktpartnern sagen: »So, jetzt reichts aber! Sofort vertragt ihr beide euch wieder! Sprecht euch gründlich aus und findet einen Konsens, Ich und Über-Ich!« So einfach funktioniert die faszinierende Welt der inneren Konflikte meist nicht, und dann ist das Geschrei groß und der Therapeut teuer. Wenn der innere Konflikt nicht rechtzeitig bewältigt ist, bevor man von Beruf zum Beispiel Kanzlerin, Präsidentin, Staatsratsvorsitzende, Königin oder Diktatorin wird, dann kann sich aus dem inneren Konflikt GANZ SCHNELL der ein oder andere zwischenstaatliche Konflikt, möglicherweise gefolgt von Auseinandersetzungen, ergeben. Das müssen dann viele Menschen ausbaden, die mit dem ursprünglichen inneren Konflikt weder etwas zu tun hatten noch dafür verantwortlich sind! Und das ist dann eine Ungerechtigkeit. Ungerechtigkeit macht wütend, führt zu unterdrückten Aggressionen und direkt in die Arbeitslosigkeit, auch und gerade bei Akademikern.

Einem guten, einem GESUNDEN Konflikt sollte immer die dazu passende Auseinandersetzung folgen. Auseinandersetzung bedeutet ja, dass man sich mit etwas *AUSEINANDER-SETZT*. Das heißt, man *setzt* etwas *auseinander*, daher kommt das Wort. Man kann aber nur auseinander setzen, was vorher zusammen war! Wenn eine Zusammenheit nicht mehr taugt, dann muss man sie manchmal auseinander setzen, um so zu einem neuen Ist-Zustand zu gelangen, und das wiederum tut man MIT-EINANDER. Auseinandersetzungen sind also demnach gar nicht *per se* so negativ wie ihr Image! Überkommene Verklumpungen werden gelöst, eine neue Übersicht entsteht, Chancen tun sich auf. Das ist positiv. Außer mit militärischen Mitteln!

Was sich das Hilfscheckerbunny zum Thema
»Konflikte & Auseinandersetzungen« überlegt hat:

Ja, ich weiß genau, was ihr jetzt von mir erwartet. Ihr wollt eine lustige Internetrecherche lesen und noch ein, zwei Sätze, die ich mir selbst ausgedacht habe. Dann lacht ihr (oder auch nicht), und alle sind glücklich.

Fast alle. Denn eigentlich hab ich gar keinen Bock, IMMER eine Internetrecherche zu machen und das dann aufzuschreiben. Aber MICH fragt ja keiner! Ich bin ja nur das Hilfscheckerbunny! Ich darf ja nicht machen, auf was ich Lust habe! Sonst sagt das Supatopcheckerbunny wieder: »Dann ersetz' ich dich halt, Hilfscheckerbunny! Das ist leicht! Da draußen sind viele, die's nicht so checken und die sich freuen würden, wenn sie deine Chancen hätten und mit mir ein Buch schreiben dürften!«

Tja, und dann wäre er da, der Konflikt! Und da hab ich voll keinen Bock drauf! Ihr fragt euch jetzt sicher, warum, und überlegt, ob das smarte, weltoffene Hilfscheckerbunny etwa konfliktscheu ist? Pah, das Hilfscheckerbunny und konfliktscheu! Absurde Vorstellung! Das Problem liegt selbstverständlich ganz woanders: Das Problem liegt darin, dass das Supatopcheckerbunny nämlich kein Mann ist. Und ich, das Hilfscheckerbunny, das Streiten mit Frauen doof finde. Die heulen dann nämlich oder kriegen diese hässlichen Zornesfalten im Gesicht.

Ja, ich könnte jetzt eine ellenlange Aufzählung von total erstaunlichen, lustigen, traurigen, widerlichen und vor allem sehr, sehr interessanten Sachen folgen lassen, die mit Frauen passieren, die wütend sind! Und die mir alle nicht behagen! Aber – die lasse ich ganz einfach jetzt nicht folgen. Weil ich dafür schon wieder im Internet nachgucken müsste. Mit meinem langsamen Rechner! Schönen Dank auch! Als könntet ihr das nicht alle auch EINMAL selber machen, bei Google eingeben: »FRAUEN«, »STREITEN« und »BLÖD«? Das kann ja wohl jeder, der nicht ganz bescheuert ist!

Übrigens, mit Männern streiten ist etwas anderes! Mit Männern streite ich mich sehr gerne. Denn die sehen so niedlich aus, wenn sie wütend sind. Und wenn sie rumschreien, finde ich es noch besser! Weil sie sich dann hinterher schämen und kleinlaut sind. Und dann kann man sich selbst wochenlang scheiße benehmen und alles begründen mit: »Ich bin immer noch ganz durcheinander.« Und: »Weißt du noch, als du mich so angeschrien hast, das war schlimm!«

Ihr seht, das ist ein echt kontroverses Thema, dieses Konflikte & Auseinandersetzungen. Und ich, das Hilfscheckerbunny, würde es ungefähr so zusammenfassen: Mit den einen macht es Spaß, mit den anderen nicht!

Was unser wissenschaftlicher Assistent Cornelius als weiterführende Literatur zum Unterthema »Krieg« empfiehlt:

Allen, David: Wie ich die Dinge geregelt kriege. Selbstmanagement für den Alltag. München: Piper, 2004.

Blüm, Norbert, Heiner Geißler, Rupert Neudeck: Nach dem Krieg. Vor dem Frieden. Wie es weitergehen kann. Freiburg: Herder, 2003.

Clausewitz, Carl: Vom Kriege. Hinterlassenes Werk des Generals Carl von Clausewitz. Vollständige Ausgabe im Urtext. Bonn: Dümmler, 2003.

Deleuze, Gilles, Félix Guattari: Mille plateaux. Paris: Les Éditions de Minuit, 1980.

Derrida, Jacques: Wie Meeresrauschen auf dem Grund einer Muschel … Paul de Mans Krieg. Mémoires II. Wien: Passagen, 1998.

Foucault, Michel: Vom Licht des Krieges zur Geburt der Geschichte. Hrsg. von Walter Seitter. Berlin: Merve, 1986.

Gruen, Arno: »Ich will eine Welt ohne Kriege«. Stuttgart: Klett-Cotta, 2006.

Gumbrecht, Hans Ulrich, F. A. Kittler und B. Siegert (Hrsg.): Der Dichter als Kommandant. D'Annunzio erobert Fiume. München: Wilhelm Fink, 1996.

Heise, Dietmar: Strategien im Umgang mit dem Betriebsrat. Praktische Argumentationshilfen für die häufigsten Konflikte. Freiburg: Haufe, 2001.

Herodot v. Halikarnaß: Vom Kriege. Was das für ein schedlich und nachteilig ding sey, Und das sich niemand leichtlich darzu sol bewegen lasse oder zu Kriegen rathen. Aus Herodoto auffs kürtzte ins Deutsch gebracht durch G. Lauterbeck. Eisleben: U. Gaubisch, 1555.

Herr, Michael: Dispatches. New York: Knopf, 1977.

Lindbergh, Anne Morrow: Muscheln in meiner Hand. Eine Antwort auf die Konflikte unseres Daseins. München: Piper, 1995.

Münkler, Herfried: Die neuen Kriege. 5. Auflage. Hamburg: Rowohlt, 2003.

Strässle, Paul M.: Krieg und Kriegführung in Byzanz. Die Kriege Kaiser Basileios' II. gegen die Bulgaren (976–1019). Köln: Böhlau, 2006.

Von den Bunnies erprobte Beschimpfungen:

- Blöde Kuh
- Doofe Zicke
- Inkontinente Kröte
- Rotzkocher
- Arschmakrele
- Versoffene Amöbe
- Bekiffte Pottsau
- Pissflitsche
- Beckenbauer
- Selber
- Spackenspongo
- Aldisohn
- Nazi
- Poppersau

- Gesichtseintopf
- Blockflötengesicht
- Mediokres Stück
- Subalterne Pissekacke
- Nichtblickerkanone
- Nullcheckerpönkie
- Intelligenzallergiker
- Fußhupe
- Kackstelze
- Gullisultan
- Arschvogelhalter
- Knäckebrot
- Marmeladenstalin
- Kartoffelfotze
- Superscheißhure
- Anorektische Fettsau
- Menschlicher Sondermüll
- Schlecht gefickte Brotspinne
- Doofwachtel auf Walzen
- Desillusionierte Möchtegernintellektuelle
- Vernerdeter Stilkiller
- Selbstgerechte Superscheiße mit extra Käse
- Hab ich mit dir geredet, du Lutschei?
- Du bist so scheiße, dass du schon wieder scheiße bist.
- Du hast ein Gesicht, das nur eine Mutter lieben kann.
- Wenn ich dein Gesicht hätte, würde ich lachend in eine Kreissäge laufen.
- Meine Hunde betrachten es als Ehre, nicht mit den euren zu jagen.
- Ich werde mein Magengeschwür nach dir benennen.
- Deine Mutter kocht schlecht.[1]

---

1 Wenn man sich mal mit einem Italiener zankt!

- Absurditätenlehrer mit Bierwirtsphysiognomie[2]
- Platter, geistloser, ekelhaft-widerlicher, unwissender Scharlatan[3]
- Der Schnauzer deiner Mutter kratzt beim Küssen.
- Deine Mutter lässt bei Aldi anschreiben.
- Deine Mutter klaut bei Schlecker.
- Bei deiner Familie ist Sodomie und Inzucht dasselbe.
- Du nässender Furunkel am Arsch der Schöpfung, wenn du was kochst, ich würd's nicht essen.
- Alles, was du sagst, bist du selber mal tausend.

---

2 Wenn man Schopenhauer ist und über Hegel schimpft!
3 Dito.

Von den Bunnies erprobte Drohungen:

- Ich mach, dass dein Auge explodiert.
- Ich mach dich Frauenhaus.
- Ich mach dich Fünf-Punkte-Pressur-Herzexplosionstechnik.
- Du rüttelst am Ohrfeigenbaum, Sportsfreund.
- Noch ein Wort, und du betrittst die Welt der Schmerzen.
- Aller, ich hau dir gleich das Ei von die Kartoffeln.
- Gleich klatscht es hier – aber keinen Beifall.
- Ruckzuck ist die Fresse dick.
- Heul doch.
- Geh schon mal raus und box dich warm.
- Bock auf Fratzengeballer?
- Ich hol meinen großen Bruder.
- Ich hab mehr Brüder als du Freunde hast.
- Gleich gibt's was aus der Keilekasse.
- Schau mal, wer da kommt! Der lustige Dreschebär.

- Komm mal her, is genug Auf-die-Fresse-Suppe für alle da!
- Soll ich dir ein extra Arschloch bohren?
- Du möchtest doch sicher nicht, dass deine Zahnbürste morgen ins Leere greift?
- Kennste Anne? Anne Fresse?
- Ich fiedel dir gleich eins auf der Watschenbratsche.
- Schon lange nicht mehr im eigenen Blut nach Hause geschwommen.
- Jetzt gibt's Keks mit Stahlkanten.
- Ich zieh dir gleich dein Rückgrat durch die Nase, dann kannst du deinen Arsch am Henkel tragen.
- Riech ma, riecht nach Schmerzen.
- Schon mal mit gebrochen Händen deine Zähne aufgesammelt?
- Was willste: Bonbons oder Ohrfeigen? Hä? Bonbons sind alle.
- Gleich kricht dein Auge Auslauf.
- Noch son Spruch – Kieferbruch.
- Zuerst reiß ich dir deinen Arm ab, und dann hau ich dir mit deim Arm eins auf die Schnauze.
- Ich hab dich lieb.

Zu diesem Kapitel empfehlen wir folgendes Musikstück:

Culture Club – Do You Really Want to Hurt Me

TABUTHEMA ERNÄHRUNG!

Was sich das Supatopcheckerbunny
zum »Tabuthema Ernährung« überlegt hat:

Beim Tabuthema Ernährung ist es ganz wichtig, auf jeden Fall erst mal hinauszublicken über den sprichwörtlichen Tellerrand und zu gucken, was andere Menschen und fremde Völker so essen und trinken und warum sie das tun. Ich halte diese Verfahrensweise für spannend und berechtigt, denn ich persönlich interessiere mich einfach manchmal für fremde Bräuche und Gewohnheiten. So bin ich halt vom Typ her – neugierig und aufgeschlossen und nicht so »Was der Bauer nicht kennt, das frisst er nicht«-mäßig drauf!

Besonders interessant geht es da bei den Chinesen zu. Außerdem ist es grundsätzlich wichtig, sich mit den Bräuchen und Angewohnheiten der Chinesen auseinanderzusetzen, denn China expandiert total, und denen gehört die Zukunft! Konfuzius sagt: Wenn sich alle Chinesen dazu verabreden würden, gleichzeitig einmal zu hüpfen, dann sind sie ganz kurz in der Luft und hinterher wieder am Boden, wo sie schon vorher waren.

Das I Ging aber sagt:

Die Worte sind von innen nach außen gehende Bewegung. Essen und Trinken ist die von außen nach innen gehende Bewegung. Beide Arten von Bewegung sind durch Stille zu mäßigen. So bewirkt die Stille, dass die vom Mund ausgehenden Worte das Maß nicht überschreiten und die zum Mund eingehende Nahrung das Maß nicht überschreitet. Dadurch wird der Charakter gepflegt.

Ernährung ist also von außen nach innen gehende Bewegung, und was man redet, ist von innen nach außen gehende Bewegung. Dieser ganz offensichtliche Zusammenhang wird in unserer westlichen Kultur ausgesprochen wenig beachtet. Das ist ausgesprochen schade! Giftiges und Überflüssiges ist nämlich bei BEIDEN Bewegungen von Nachteil. Alle wollen immer nur gut aussehen und denken, dafür müssen sie vor allem einen weiten Bogen machen um Chips und Bratwürste und stattdessen Vitamine essen und Salat![11] Das ist ja auch okay, aber man muss eben gleichzeitig einen weiten Bogen machen um kopfloses Geplapper und um Meinungen! Wenn man das nämlich nicht macht, dann nützt die ganze Ernährung nichts, man bleibt trotzdem merkwürdig fahl und weiß nicht, warum. »Warum nur bin ich immer noch so merkwürdig fahl, wo ich doch all die Vitamine esse und den Salat?«, so fragt man sich dann, anstatt EINMAL einfach im I Ging zu blättern und nicht in irgendeiner Illustrierten. Dabei wäre das so einfach, zum Beispiel mal beim Frisör oder im Wartezimmer vom HNO.

Doch nun zu einem anderen Volk. Marie Antoinette, Königin von Frankreich, Gemahlin von Ludwig XVI., sagte bekanntlich im Jahr 1789 zu den hungernden Franzosen, die vor ihrem Palast demonstrierten: »Hey! Wenn sie kein Brot haben, dann sollen sie eben Kuchen essen!« Das war natürlich zynisch. Man muss sich diese Geschichte aber vor Augen halten, um vielleicht besser zu verstehen, warum der Franzose bei der Ernährung vor nichts zurückschreckt. Bevor man ein ganzes Volk einfach kollektiv verurteilt, sollte man nämlich erst mal genau gucken: Aha, woher kommen eigentlich dessen Essgewohnheiten? Gibt es da vielleicht historisch begründete Traumata, die die Menschen zu Frosch- und Schneckenfressern GEMACHT haben? Damit kann man zwar auch nicht alles entschuldigen, aber doch einiges erklären, finde ich persönlich!

Um diese Geschichte über Marie Antoinette überhaupt zu verstehen, muss man wissen, dass Ernährung eben nicht nur Kultur ist und ein erbauliches Vergnügen, sondern AUCH physische Notwendigkeit! Menschen BRAUCHEN Nahrung wie Laptops Strom, und das gilt

---

11 *Genau, STCB, man will doch schlank sein! HCB.*

auch für diejenigen, die dieses Konzept von der Idee her ablehnen. Allerdings ist Ernährung nicht einfach NUR physische Notwendigkeit, sondern auch Genuss! Aber nicht nur Genuss! Ernährung ist AUCH immer ganz eng mit Kultur verbunden und sogar mit Religion! Zum Beispiel Muslime und Juden essen trotz vielen Meinungsverschiedenheiten alle kein geschächtetes Schwein, Hindus essen mindestens keine Kuh und maximal gar kein Tier, Christen essen Jesus.

Anyway. Nochmal zum Zusammenhang von Rede und Ernährung, für alle, die davon noch nicht ganz überzeugt sind und denken, das sei nur was für Chinesen: Besonders gut erkennbar ist der Zusammenhang von Rede und Ernährung bei der Ernährung mit Alkohol. Die von außen nach innen gehende Bewegung des Alkoholtrinkens beeinflusst GANZ DEUTLICH die von innen nach außen gehende Bewegung der sprachlichen Mitteilung. Das ist ein sehr offensichtlicher, aber auch ein sehr profaner Beweis, so wie offensichtliche Beweise oft sehr profan sind, dafür aber einleuchtend.

Was sich das Hilfscheckerbunny
zum »Tabuthema Ernährung« überlegt hat:

Also ich, das Hilfscheckerbunny, habe mit Tabus generell wenig Probleme. Und mit dem Tabuthema Ernährung schon gleich gar nicht. Wer meine glänzende Internetrecherche zum Thema »Supatopmacht USA« gelesen hat oder meinen klugen Text zum Thema »Tiere«, der weiß das. In beiden Texten erkläre ich wichtige Fakten über Ernährung wie etwa, dass Amerikaner sich auch ernähren (und zwar schlecht) und dass Tiere gut schmecken (wenn sie niedlich sind).

Man könnte also durchaus sagen, dass ich meinen Lesern dieses Thema schon hinreichend nahegebracht habe. Ja, das könnte man, wenn man einen weniger strengen Chef hätte als das Supatopcheckerbunny. Dann könnte man jetzt den Rechner ausmachen, in die Küche gehen und sich ein schönes Butterbrot mit fingerdick Butter darauf schmieren und hinterher einkaufen gehen für das Abendessen.

Leider kommt das für mich nicht in Frage. Denn wenn ich dem Supatopcheckerbunny heute Abend statt einem neuen Kapitel ein Brot zeigen würde oder einen Teller Nudeln, dann wäre es vermutlich schwer enttäuscht. Und würde mir – im schlimmsten Fall – zur Strafe ein bisschen was von der Gage für das Buch wegnehmen! Weil DAS auf gar keinen Fall passieren darf, kommen jetzt noch ein paar brandneue Gedanken, die ich mir speziell zum Thema Ernährung gemacht habe:

Ernährung ist für manche Menschen etwas ganz Natürliches, für das sie sich nicht weiter schämen. Diese Menschen laufen fröhlich lachend durch den Supermarkt, legen hier eine Fleischwurst und dort eine 100er Packung Dickmann's in den Wagen und scherzen sogar mit langsamen Kassiererinnen. Andere Menschen tun sich mit dem Thema ungleich schwerer, was meistens am Unterthema »zu dick« liegt. Komischerweise kann man diese Leute aber nicht am Gewicht erkennen, sondern nur daran, dass sie im Supermarkt statt eines Wagens ein kleines Tragekörbchen nehmen. Dieses Körbchen wird nur zögerlich und bis höchstens zur Hälfte gefüllt – mit ganz anderen Waren. Statt Schokoküssen kaufen diese Leute Erdbeerkondome, wenn Sie Lust auf etwas Süßes haben. Niemals verirrt sich Fleischwurst in ihren Korb! Da bin ich mir sehr sicher.

Doch was würde passieren, wenn die Frau an der Wursttheke diesen Leuten eine Scheibe Kinderwurst anbieten würde? Würden sie zugreifen? Oder würden sie weinen und sich ausgelacht fühlen von der hämisch grinsenden Wurst? Ich weiß es nicht, aber vielleicht finde ich das gleich heraus, wenn ich den Rechner ausgemacht habe und im Supermarkt bin. Denn mein Text über Ernährung ist jetzt zu Ende – ich habe Hunger, und die Läden schließen gleich.

Was unsere Ernährungsexpertin Caroline Schreiber empfiehlt: Alaskanische Salatrezepte

Jell-O-Salat (von Margaret McCombs)

1 Packung Zitronenjell-O
1 Packung Limettenjell-O
2 Tassen kochendes Wasser
1 Tasse pürierte Ananas
1 Tasse Kondensmilch
1 Tasse Mayonnaise
1 Esslöffel Sahnemeerrettich
1 Tasse gehackte Nüsse

Jell-O in kochendem Wasser auflösen, Ananas hinzufügen und abkühlen lassen, bis die Masse dick, aber nicht fest ist. Unter Rühren Mayonnaise, Meerrettich und gehackte Nüsse hinzufügen. In eine Form füllen, erkalten lassen.

Zimtsalat (von Faith Flanagan)

2 Packungen Zitronenjell-O
½ Tasse Zimtbonbons
2 Tassen kochendes Wasser
2 Tassen Apfelmus
¼ Pfund Frischkäse
2 Esslöffel Sahne
2 Esslöffel Mayonnaise

Zitronenjell-O und Bonbons in zwei Tassen kochendem Wasser auflösen. Apfelmus hinzufügen. Sobald das Ganze eine sirupartige Konsistenz erreicht, die Hälfte in eine 20 × 30 cm große Form umfüllen. In den Kühlschrank stellen. Frischkäse mit Sahne und Mayonnaise verrühren und auf die erste Schicht Jell-O-Mischung streichen, nachdem diese fest geworden ist. Zweite Hälfte der Jell-O-Mischung darübergießen und im Kühlschrank erstarren lassen. In Rauten schneiden und auf Salatblättern servieren. Passt zu Schweinebraten.

Gemüsesalat (von Bernice Haggelman)

1 Packung Zitronenjell-O
1 Packung Limettenjell-O
1 ¾ Tassen kaltes Wasser
¼ Tasse Essig
2 Tassen geraspelter Kohl
1 Teelöffel feingehackte Zwiebel
1 geraspelte Karotte
1 feingeschnittene Selleriestange
¼ Teelöffel Pfeffer, schwarz oder weiß

Jell-O in zwei Tassen kochendem Wasser auflösen. Abkühlen lassen. Sobald die Masse eindickt, Gemüse und Pfeffer hinzufügen. In eine 20 × 30 cm große Form füllen. Erkalten lassen. In Rauten schneiden und auf Salatblättern servieren.

Avocadosalat (von Telva Bringsli)

2 Packungen Limettenjell-O
2 Tassen heißes Wasser
1 Dose Ananassaft
1 ½ Tassen Schlagsahne
1 Dose Kondensmilch, gekühlt
1 große Dose pürierte Ananas, abgetropft
1 Tasse Avocado, zerdrückt
1 Tasse Mayonnaise

Jell-O in heißem Wasser auflösen. Ananas und Ananassaft hinzufügen. In den Kühlschrank stellen, bis die Mischung eine siruppartige Konsistenz erlangt. Kondensmilch in einer Schale ins Eisfach stellen, bis sie an den Rändern gefriert. Erkaltetes Jell-O mit dem Schneebesen schaumig schlagen. Mit Dosenmilch, steifgeschlagener Sahne, Mayonnaise und Avocado vermischen. In eine Form füllen und fest werden lassen.

Hüttenkäsesalat (von Avis Cooper)

1 Packung Zitronenjell-O
1 Packung Limettenjell-O
2 Tassen kochendes Wasser
1 kleine Dose Kondensmilch
1 Pfund Hüttenkäse
1 kleine Dose pürierte Ananas
2 Esslöffel Meerrettich
½ Tasse gehackte Walnüsse
1 Tasse Mayonnaise

Jell-O in heißem Wasser auflösen, etwas abkühlen lassen. Hüttenkäse, Meerrettich, Walnüsse und Mayonnaise unterrühren. Am Schluss Milch und Ananas hinzufügen. In eine Form füllen und fest werden lassen.

Mysterysalat (von Mary Mossburg)

1 Packung Jell-O in beliebiger Geschmacksrichtung
1 Dose pürierte Ananas und eine Dose Mandarinen, abgetropft
1 Pfund Hüttenkäse
½ Liter Schlagsahne
1 Tasse Kokosflocken
2 Tassen Marshmallows

Jell-O über Ananas und Mandarinen streuen. Hüttenkäse und steifge-schlagene Schlagsahne unterheben. Mit Kokosflocken und Marshmal-lows vermischen.

Slogans zur Imageverbesserung
benachteiligter Nahrungsmittel:

Döner!

- Döner – Für alle, die ihre Ernährung selbst in die Hand nehmen wollen
- Döner – Jetzt acht Millionen Mal in Deutschland
- Döner – Die integrierte Lösung für Internet und e-Commerce
- Döner – Bausparverträge sind spießiger
- Döner – Nich so toll, aber auch nich so teuer
- Döner – Gut riechen ist auch nicht alles im Leben
- Döner – Weil ein halbes Schwein nicht ins Brötchen passt
- Döner – Mit der Kraft der zwei Hammelherzen
- Döner – Denn kein Mensch will sich nur von Falafel ernähren
- Döner – Voll lecker ohne Piemontkirsche
- Döner dir einen
- Döner – Die kleine Brottasche für unterwegs

- Döner – Nur echt mit drei Soßen zur Auswahl
- Döner – Tier im Handyformat
- Döner – Mehr Fleisch passt in kein Brot
- Döner – Deutschland morgens um halb zehn
- Guten Freunden gibt man einen Döner. Oder auch zwei
- Döner – Für Kebappa und Kemama

Lakritz!

- Lakritz – Schmeckt 25 Prozent besser als herkömmliches Kabel
- Lakritz – Hält zwar nicht wach, macht aber auch nicht müde
- Lakritz – Für diese Schnecken mussten keine Tiere sterben
- Lakritz – Die einzige Süßigkeit, mit der man sich die Schuhe zubinden kann
- Lakritz – Wer Bärendreck sagt, hat nichts verstanden
- Lakritz – Looks like Altöl, tastes like heaven
- Lakritz – Und die ersten drei Meter isst er immer noch sofort
- Lakritz – Bewährt in Lakritzensituationen
- Lakritz – Der Gaumenlakritzel
- Lakritz – Das schwarze Gold aus Ochsenblut
- Lakritz – Also ich glaube, Essen ist schwarz

Genmanipulierter Mais!

- Genmais – Wird schon gutgen
- Genmais – Oder glauben Sie etwa, die Natur weiß, was sie tut?
- Genmais – Wenn Gott acht Tage Zeit gehabt hätte

- Genmais – Jetzt auch mit Halluzinogen
- Genmais – Sie tanken ja auch sonst Super
- Fast nur, wo Genmais draufsteht, ist auch Genmais drin
- Genmais – Kurz bevor Gemüse laufen lernte
- Genmais – The future on a stick
- Genmais – Evolution is for sissies
- Genmais – Über Genitalien meckern sie ja auch nur, wenn sie zu klein sind
- Genmais – Sort of corny
- Genmais – Manipulí Manipulá
- Genmais – Erst mal besser machen
- Genmais – Gelingt immer und klebt nicht
- Genmais – Sag hallo zur gelben Gefahr
- Genmais – Mais, der was aus sich macht!
- Genmais – Für Mama, Papa, die Verwandten und für die Onkel und Mutanten
- Mann, ist der Genmais!
- Genmais – Denn Ihr Hund kann gar nicht sprechen

Gemischtes Hackfleisch!

- Gemischtes Hack – Nicht so einseitig
- Gemischtes Hack – Manche sagen so, manche sagen so
- Gemischtes Hack – Nicht Fisch und nicht Fisch
- Gemischtes Hack – Mehr Tiere drin als im Zoo
- Gemischtes Hack – Das nicht so Supere aus zwei Welten
- Gemischtes Hack – Mach mir den Wolf
- Gemischtes Hack – Klingt eklig und das zu Recht
- Gemischtes Hack – Geballt sind wir Buletten
- Gemischtes Hack – Mir doch egal!
- Gemischtes Hack – Gesünder leben. Bewusster genießen

- Gemischtes Hack – Der Brotaufstrich aus Tier
- Gemischtes Hack – Da dreh ich durch!
- Gemischtes Hack – Leg dich doch gehackt
- Gemischtes Hack – Dat hat's im Kriesch nich gegeben

Zu diesem Kapitel empfehlen wir folgende Musikstücke:

Blumfeld – Der Apfelmann
Irgendwas von *Hot Chocolate*
Jan Delay – Vergiftet
Technotronic – Pump Up the Jam
Las Ketchup – Ketchup Song

DIE JUGEND VON GESTERN & HEUTE!

Was sich das Supatopcheckerbunny zum Thema
»Die Jugend von gestern« überlegt hat:

Um das Thema »Die Jugend von gestern« besonders authentisch und auch emotional zu erfassen, anstatt immer nur hochtrabende theoretische Betrachtungen anzustellen, wie es sonst meine Art ist, möchte ich mich einfach mal meiner eigenen Jugend erinnern. Damit dieses besondere Experiment gelingt, habe ich extra einiges auf die Beine gestellt, zum Beispiel war ich in einer Diskothek, die in den Achtzigerjahren, ein mit meiner Jugend aufs engste verquicktes Jahrzehnt, sehr trendy war und sich seither nicht nennenswert weiterentwickelt hat. Leute wie ich können sich dort gezielt an ihre Jugend erinnern.

Die Diskothek ist natürlich ein Chrommonster, war spärlich besucht, und das Personal war unfreundlich und prekär[12]. Es war sehr trist. Da man an der Bar aber leicht an alkoholische Getränke rankam, gelang es mir trotz der widrigen Umstände, mich ganz gut zu amüsieren und mich schließlich wie auf einer Schulparty zu fühlen. Dabei fiel mir mal wieder auf, dass – während Punk degeneriert ist und die Popper ganz von der Bildfläche verschwunden sind – die schwarzgewandete Gothic/Wave/Gruftie-Fraktion siegreich am Leben geblieben ist. Diese Menschen wirken ausgeruht und solvent und beweisen damit einmal mehr die paradoxe Wirkungsweise negativer Lebenseinstellungen.

Als nächstes Experiment habe ich ein altes Tagebuch von mir her-

---

12 prekär: Zum Prekariat gehörig.

ausgefischt, darin eine Seite aufgeschlagen und dort einen Satz gelesen. Dann habe ich das Buch peinlich berührt wieder zugeklappt. Dabei ist mir allerdings die 15 Jahre alte Adressliste einer damaligen Bezugsgruppe in die Hände gefallen. Und weil die in der Zwischenzeit stattgefundene technische Entwicklung so etwas möglich macht, habe ich jeden einzelnen Namen auf dieser Liste gegoogelt. Das war zeitaufwendig und uninteressant.

Ich habe mit der exaltierten Sandra Hölderlin[13] erwartungsfroh angefangen, und es kam erst mal: »Es wurden keine mit Ihrer Suchanfrage übereinstimmenden Dokumente gefunden.« Tim Schiller, den ich vor vielen Jahren auf einer Medizinerparty wiedergetroffen hatte, ist wenig überraschend promovierter Arzt. Man erfährt, dass er da und dort Vorträge gehalten hat bei medizinischen Kongressen. Auffällig viele Leute arbeiten in Pressestellen von Universitäten, Hilfsorganisationen und Parteien. Katrin Fontane, eine Person, die einem was zurechtlog, sobald sie den Mund aufmachte, schreibt Artikel für diverse Provinzzeitungen. Eva Lessing lebt in Paris und macht was mit Werbung. Der freundliche und sehr schlaue Armin Heine ist jetzt Mathematikprofessor, und es gibt sogar ein Bild von ihm, wie er vor einer Tafel mit Formeln steht und die Haare zwar ganz anders hat, aber dafür genauso grinst wie früher. Die meisten ließen sich aber überhaupt nicht ermitteln, und ein Bild konnte ich außer von Armin Heine nur noch von Alexander Brentano finden, nämlich in der Kartei einer Modelagentur.

Nach der ganzen Googelei fühlte ich mich leer und trist und meiner eigenen Jugend seltsam entfremdet. Mir wurde klar, dass Jugend schrecklich ist. Gleichwohl notwendig und unvermeidlich. Allerdings ist es dann auch wieder nicht schön, älter zu werden, dafür aber genauso unvermeidlich. Daraus ergibt sich eine ausweglose Situation, die es mit heiterem Gleichmut zu ertragen gilt. Denn sonst wäre man ja den ganzen Tag lang unzufrieden mit dem gesamten Leben. Was auch okay ist, denn negative Lebenseinstellungen haben oft eine angenehm paradoxe Wirkung, und Paradoxie ist schließlich die Dialektik des kleinen Mannes!

---

13 Alle Namen vom Supatopcheckerbunny geändert.

Was sich das Hilfscheckerbunny zum Thema
»Die Jugend von gestern« überlegt hat:

Mit dem Thema hat das Supatopcheckerbunny mir echt was eingebrockt, denn als ich angefangen habe, mich der Aufgabenstellung nicht nur wissenschaftlich, sondern auch emotional zu nähern, ist mir meine eigene Jugend wieder eingefallen. Damals wurden mir auch Aufgaben gestellt, allerdings nicht vom Supatopcheckerbunny (das kannte ich da ja noch gar nicht), sondern von meiner Mutter. So musste ich zum Beispiel mit dreizehn für sie Weidenkätzchen für ein Ostergesteck stehlen – an einem öffentlichen Weg. Ihr war das wohl zu peinlich, also sollte ich es machen. Und fatalerweise habe ich es dann auch getan. Erst war es gar nicht so schlimm. Die Weidenkätzchen waren schön und flauschig, und sie erinnerten mich an die Haare von Stefan Meier, in den ich damals furchtbar verknallt war. Stefan war Ministrant, total süß, und ich hatte noch nie mit ihm geredet.

Doch bald bekam ich dazu die Gelegenheit. Neben dem Weidenkätzchenbusch stoppte ein Fahrrad, und dann stand er vor mir, der Stefan Meier. Er sagte: »Halloo.« Und ich sagte nichts. Gar nichts. Stefan lächelte freundlich, fragend. Ich versuchte zurückzulächeln, doch es ging nicht. Ich war nicht nur stumm geworden, sondern zusätzlich zu einer Salzsäule erstarrt so wie die eine Frau aus der Bibel, von der der Pfarrer beim letzten Mal, als ich wegen Stefan in der Kirche war, erzählt hatte. Mit dem Unterschied, dass die aus der Bibel nicht auch noch gestohlene Zweige für ihre Mutter im Arm hatte. Es war ein Albtraum, es war peinlich, und dem Stefan hat es auch nicht besonders gefallen, denn der ist ziemlich bald wieder gefahren.

Für mich ist das eine schlimme Erinnerung an einen unschönen Nachmittag. Aber es ist auch ein gutes Beispiel dafür, wie scheiße es eigentlich ist, jung zu sein. Ja, Jugend ist eine schreckliche Zeit, weil man als Jugendlicher, bedingt durch Faktoren wie Schüchternheit, Schulstress und Akne, Tag für Tag durch die Hölle geht. Finde ich!

Komischerweise sehen das aber nicht alle Menschen so. Wenn man im Internet guckt, kommt nämlich was ganz anderes raus. Manfred G. schreibt: »Ich kann mich noch an diese endlosen Sommer erinnern, welche ich mit meinen Freunden in Tom-Sawyer-und-Huckleberry-Finn-Manier Zwetschgen stehlend und Baumhaus bauend immerzu draußen verbrachte. Das ist so heute nicht zuletzt wegen der stark angestiegenen Gefahrenmomente wie starkem Autoverkehr und Kinderschändern nicht mehr möglich.« Wolfgang H. schreibt: »Früher war alles besser, als wir die Mauer hatten. Sowohl für uns als auch für die da drüben.« Und Wölkchen schreibt: »Mit fünfzehn wusste ich nicht mal, wie man Cellulite schreibt. Heute gebe ich im Monat zehn bis fünfzehn Euro für Spezialcremes und Frischhaltefolie aus.«

Also, ich sag es euch: Diese Internetrecherche hat mich, euer Hilfscheckerbunny, sehr deprimiert. Alle anderen hatten voll die gute Jugend. Nur ich als Einzige nicht! Die Erkenntnis hat mich so runtergezogen, dass ich am liebsten meine alten The-Smiths-Platten aufgelegt und geweint hätte. Aber das macht man ja heutzutage nicht mehr. Deshalb habe ich den Fernseher eingeschaltet und dem mittlerweile auch etwas in die Jahre gekommenen gelben Jamba-Küken beim Tanzen zugeschaut. Es sang: »I may be small, I may be sweet, but baby I know how to move my feet.« Und dabei fiel es mir wie Schuppen von den Augen: Ich hatte zwar eine doofe Jugend, aber wer in unseren Tagen als Jugendliche stumm und mit Weidenkätzchen im Arm herumsteht, von dem machen die heutigen Stefan Meiers bestimmt ein Handyfilmchen. Und das schicken sie dann ans Fernsehen! Und dann denkt jeder, dass man wirklich stumm ist. Und schließlich kommt man zu den anderen Stummen in die Sonderschule und nicht wie ich damals erst aufs Gymnasium und später dann direkt an die Seite des Supatopcheckerbunnys.

Ich habe, wie ich finde, doch ziemliches Glück gehabt mit meiner Jugend. Und vor allem, dass sie im Gestern war. Im Heute wäre aus mir ein ganz anderes Mädchen geworden. Ein Heimkind vielleicht oder eine Sonderschülerin. Und was wäre aus euch geworden? Denkt mal drüber nach!

Aus Briefen und Tagebüchern der Jugend von gestern:

- »Sprühdosen zerstören die Ozonschicht – aber mit Bier halten meine Haare einfach nicht! Hilfe!«
- »Gut angekommen, leichte Etappe, der Iwan zeigt endlich Respekt. Frohe Weihnachten aus Stalingrad – dein Jochen.«
- »Hier, Lotte! Ich schaudere nicht, den kalten, schrecklichen Kelch zu fassen, aus dem ich den Taumel des Todes trinken soll!«
- »Steinmüllers haben AUCH einen Triceratops, menno!«
- »Die neuen Perücken von Lavoisier taugen nichts, dauernd fällt das Puder ab, ich könnt mich aufregen!«
- »Als ich morgens aus unruhigen Träumen erwachte, fand ich mich in meinem Bett zu einem ungeheuren Ungeziefer verwandelt.«
- »Kuchen, Kuchen, immer nur Kuchen. Am liebsten würde ich Louis Seize den Kopf abschlagen!«
- »Beeren, Beeren, Beeren. Wann bringt Daddy endlich mal wieder ein anständiges Mammut nach Hause?«
- »Er so zu mir: ›Ätsch, und *mein* Vater ist Gott!‹, und ich hau ihm darauf eins in die Fresse, und dann hält der mir seine andere Wange hin! Da hab ich ihm natürlich noch eine reingedrückt.«
- »Er heißt Humbert Humbert und hat schon ein Auto!«
- »Okay, vielleicht bin ich nur ein alberner pubertierender Quastenflosser, aber heute werde ich es wagen. Ich muss wissen, wie es ist dort auf dem trockenen Land.«
- »Was interessiert mich der Dreißigjährige Krieg, wenn ich Orgasmusprobleme habe?«
- »Und wenn ich einfach mal behaupte, Raum und Zeit wären grün-rosa-kariert? Oder – spitzförmig? Oder nee – ich weiß: GEKRÜMMT – ich behaupte, sie wären gekrümmt! Da werden die Alten schön blöd gucken!«

- »Hoch singen können ist ja schön und gut, aber manchmal hätte ich meine Hoden schon gerne zurück.«
- »Liebe Mutter! An der Kunstakademie haben sie mich endgültig abgelehnt. Ich wohne nun in einem Männerheim in Wien und baue mir einen rechten Hass auf die Welt auf.«

Woran man das Ende der Jugend erkennt:

- Wenn man freiwillig vor Mitternacht schlafen geht.
- Wenn man sich Kartoffeln kocht.
- Wenn man bei Jeans Bundweite 34 überschritten hat.
- Wenn man zum ersten Mal mit jemandem ins Bett geht, den man vorher gesiezt hat.
- Wenn man anfängt, sich Schnittblumen für die eigene Wohnung zu kaufen.
- Wenn man befreundete Paare zum Essen einlädt.
- Wenn man Wein nicht mehr nach dem günstigsten Verhältnis von Preis und Alkoholgehalt aussucht.
- Wenn die Plattensammlung stagniert.
- Wenn man Iris Berben für die attraktivste Frau Deutschlands hält.
- Wenn man mit dem Besenstiel an die Decke klopft, weil die Nachbarn Musik hören.
- Wenn man im Coffeeshop mit »Bist du von der Polizei?« angesprochen wird.
- Wenn man anfängt, alkoholfreie Phasen einzulegen.
- Wenn die eigene Garderobe mit der momentan angesagten nichts mehr gemein hat.
- Wenn man die eigenen Eltern anruft, weil sie sich so lange nicht gemeldet haben.
- Wenn die Topfpflanzen am Leben bleiben.

- Wenn dein Lieblingsstück im Fahrstuhl läuft.
- Wenn man einen Regenschirm besitzt.
- Wenn man an sich persönlich adressierte Werbung bekommt.
- Wenn man zum ersten Mal einen Pyjama kauft.
- Wenn in den Hausflur gekotzt wurde, und keiner verdächtigt einen.
- Wenn man beim Schuhkauf auf den Tragekomfort achtet.
- Wenn man nicht mehr weiß, wann der Burger King schließt.
- Wenn einem jüngere Familienmitglieder alte Lederjacken abschwatzen.
- Wenn es von deinem Lieblingslied ein Remake gibt, von dem alle anderen glauben, es sei neu.
- Wenn man Türsteher mit dem Satz »Lassen Sie mich durch, meine minderjährige Tochter ist da drin!« austricksen kann.
- Wenn man in der U-Bahn einen Platz angeboten bekommt.
- Wenn die eigenen Kinder Kinder bekommen.
- Mit dem ersten Bypass.

Was sich das Supatopcheckerbunny zum Thema »Die Jugend von heute« überlegt hat:

Ich finde ja, dass die Jugend von heute keineswegs die amorphe Masse ist, die sie für das ungeübte Auge zu sein scheint. Vielmehr besteht die Jugend von heute aus einer Vielzahl von Einzelteilen, die sich nur untereinander ÄHNLICH sind! Unterschiede gibt es etwa zwischen Jungen und Mädchen. Aber auch unter den Mädchen gibt es weitere Unterschiede. Manche Mädchen sind zum Beispiel dicker als andere Mädchen, und die Mütter mancher Mädchen sind dicker als die Mütter anderer Mädchen. Und wenn man genauer hinsieht, dann findet man bestimmt noch mehr Unterschiede, die mir jetzt gerade im Moment nicht einfallen, mein Gott.

Der größte Unterschied zwischen der Jugend von heute und der Jugend, zu der ich zum Beispiel gehörte, ist das Internet. Wir hatten ja damals noch gar kein Internet! Anstatt zu bloggen, haben wir Tagebuch geschrieben auf Papier, und das ist ein Segen, für den ich den Himmel preise. Ich nenne es auch die Gnade der prädigitalen Geburt. Nicht, weil Tagebücher so herrlich sind, sondern wegen ihrer unfassbar monströsen Peinlichkeit nenne ich das so. Meine Tagebücher liegen in einer geheimen Schublade und harren ihrer Entsorgung. Niemand hat den Schund je gelesen. Wäre ich heute jung, hätte ich den ganzen pubertären Blödsinn mit Sicherheit irgendwo ins Internet geschrieben, und Millionen hätten davon Kenntnis. Welch raumgreifendes Desaster! Wer wollte, könnte sich eine Kompilation meiner tollsten Peinlichkeiten auf der Festplatte speichern, und sie dann jederzeit wieder hervorzerren, wenn ich später im Leben zum Beispiel mal Bundeskanzlerin werden wollte oder Buchautorin. Dieses finstere Schicksal ist mir durch die Gnade der prädigitalen Geburt erspart geblieben, aber Millionen von heute Pubertierenden steht genau das bevor!

Darum ist mein dringender Rat an die Jugend von heute: Widersteht der Versuchung einer vorschnellen Veröffentlichung ausformulierter Innerlichkeiten! Na klar, im Moment haltet ihr eure Gedanken und Empfindungen für einzigartig. Und das ist euer gutes Recht! Generationen und Generationen vor euch ging es ja ebenso! Auch ist die Versuchung groß, das andere Geschlecht mit tiefsinniger Denkeraura zu beeindrucken. »Jugend ist Trunkenheit ohne Wein« – das ist von Goethe und bedeutet, dass man aus dem Rausch der Jugend auch mal wieder aufwacht und DANN ERST klar sieht! Im Alter von dreizehn bis vorsichtshalber fünfundzwanzig Jahren sollte man deshalb nur das Allernötigste ins Internet schreiben, und sich dort des Weiteren aufs Spielen, Shoppen und Flirten beschränken.

PS: Oder darin jeden Tag neue Weisheit sammeln, so wie es das fleißige Hilfscheckerbunny tut!

Was sich das Hilfscheckerbunny zum Thema
»Die Jugend von heute« überlegt hat:

Wenn man so jung aussieht wie das Supatopcheckerbunny oder noch jünger, so wie ich, das Hilfscheckerbunny, dann wird man auch ständig für jung gehalten. Dabei ist das Quatsch. Ich zumindest bin schon ganz schön alt. Und das ist sehr gut. Denn alte Menschen haben viel mehr Erfahrung und Know-how! Dadurch ist es ihnen möglich, viel gewissenhafter zu arbeiten! Das zeigt sich auch ganz deutlich bei meiner Recherche für dieses Kapitel! Ein vierzehnjähriges Hilfscheckerbunny hätte nämlich einfach gesagt: »Ey, Supatopcheckerbunny, du willst ein Kapitel über die Jugend von heute? Kein Problem, Alte, ich sag nur Internet. Da steht alles drin, und ich, dein Hilfscheckerbunny, hol's für dich da raus!«

Ja, so hätte das ein vierzehnjähriges Hilfscheckerbunny gemacht. Da ich aber nicht mehr vierzehn bin, habe ich natürlich anders reagiert.

Ich habe gesagt: »Supatopcheckerbunny, pass auf! Ich werde etwas machen, das sich die Jugend von heute gar nicht vorstellen kann! Ich werde nicht im Internet, sondern im echten Leben recherchieren! Und auch nicht in Deutschland, sondern im Ausland!« Dann bin ich tatsächlich ins Ausland gefahren, um nachzusehen, ob es dort auch Jugend gibt, wie die so aussieht und was die so macht. Das Ausland ist groß. Meine Wahl fiel auf Mallorca. Und da war ich drei Wochen! Das war ganz schön anstrengend, und ich musste in Kauf nehmen, hinterher auszusehen wie jemand, der im Bräunungscenter Marzahn arbeitet und sich da auch noch die Haare machen lässt! Aber hey, für Eitelkeit ist bei wissenschaftlicher Arbeit einfach kein Platz, und für das Supatopcheckerbunny und dieses Buch mache ich eben alles!

Nun zu den Ergebnissen meiner Real-Life-Recherche: Es gibt Jugend im Ausland. Nicht nur das: Es gibt sogar genau zwei Sorten von Jugend. Die erste Sorte ist blass, spricht kein Wort Spanisch, sondern nur Deutsch oder Englisch und hat offensichtlich keine Freunde. Das sieht man daran, dass diese Sorte mit den Eltern an den Strand geht, statt gemütlich mit Gleichaltrigen im Dorf abzuhängen. Die zweite Sorte hingegen hat Freunde und außerdem unendlich viele Luxusgüter: Sonnenbräune, Mofas, Spanischkenntnisse und vor allem »Conguitos«. Conguitos sind sehr leckere Nüsse mit Schokoüberzug, verpackt in orange Plastiktütchen mit einer possierlichen Figur vorne drauf: einem weißen Vögelchen – so denkt man zumindest, bevor man die zweite Packung kauft. Und auf der ist dann plötzlich ein braunes Vögelchen. Dann denkt man: Bin ich jetzt in einem Thomas-Pynchon-Roman gelandet? Hier fügt sich ja alles zusammen! Das sind ja gar keine Vögelchen auf der Packung, sondern hier werden die zwei Sorten der Jugend symbolisiert, die ich gerade ENTDECKT habe! Auf der einen Packung die Hellen, die mit ihren Eltern am Strand sitzen – und auf der anderen die Dunklen, Spanisch Sprechenden mit den Mofas! Das muss man sich mal vorstellen: Da wird die ganze Auslandsjugend symbolisiert und dann hinterher AUFGEFRESSEN – von der Jugend!

Also ich, das Hilfscheckerbunny, finde das pervers. Deshalb habe ich nach der Sache mit den Conguitos die Recherche abgebrochen, obwohl ich wusste: Für euch wird es wahrscheinlich sehr frustrierend und auch enttäuschend, wenn ihr in diesem Kapitel von mir nicht mehr geboten bekommt als zwei Packungen Nüsse! Aber wisst ihr was? So lernen die Jüngeren unter euch, dass Frustration etwas ganz Natürliches ist und zum Leben auf diesem Erdenball dazugehört![14] Egal, ob man hier wohnt oder auf Mallorca und ob man jung ist oder alt! Und eins ist sicher: Für den nächsten Text mach ich wieder Internet! Und in Deutschland bleib ich auch!

---

14 *Sehr richtig erkannt, HCB! STCB.*

Politisch korrekte Sätze über die Jugend:

- Die Kinder sind nicht zu dick, sie sind nur besser angepasst an die kommende Eiszeit.
- Alkoholismus und Jugendarbeitslosigkeit gehen Hand in Hand – mit einem Ausbildungsplatz oder geregelten Job wäre der tägliche Kater doch kaum zu ertragen.
- Wenn die ganzen Sechzehnjährigen nicht so viel kiffen würden, wären sie jetzt schon mindestens achtzehn.
- Die meisten Jugendlichen würden ja arbeiten, wenn sie bloß wollten.
- Es ist auch eine Art Diskriminierung, dass man Playstation nicht studieren kann.
- Immerhin macht Ecstasy nicht dick.
- Man sollte nicht auf die Jugend herabschauen, nur weil sie dumm und faul ist.
- An die seelische Belastung, die man beim Raubkopieren aushalten muss, denkt natürlich wieder keiner!
- »Kein Bock«, »keine Ahnung«, »keinen Plan« – immerhin kann die Jugend explizit sagen, wo der Schuh drückt.
- In Sachen Gleichberechtigung hat die Jugend von heu-

te einiges verbessert. Zum Beispiel: Inzwischen können auch Jungs magersüchtig werden.

- Die Schüler schwänzen gar nicht! Das ist nur Rücksichtnahme auf den Lehrermangel.
- Sondersteuer auf Alcopops?! – Riecht verdächtig nach Methusalem-Komplott.
- Es gibt halt außer Markenklamotten keine Möglichkeit, seine Individualität auszudrücken, weil die Handys ja heute alle null Euro kosten.
- Die allermeisten Drogen haben doch gar keine Probleme mit Jugendlichen. Die restlichen sind Einzelfälle.
- Sich über die Loveparade aufregen, aber im Februar als Clown durch Kölle hopsen!
- Generationenvertrag hin oder her – wie soll man denn von so wenig Sozialhilfe auch noch für drei Rentner pro Person aufkommen?
- Wohl ist »Wer wird Millionär«-Kandidat ein Job mit Perspektive!
- Von wegen unpolitisch! Die allermeisten Kriege werden doch von Erwachsenen angefangen.
- Littleton, Erfurt – okay, aber Stalingrad und Hiroshima waren auch nicht ohne!
- Die Hosen der Kids hängen nicht in den Kniekehlen – na gut, doch, sie hängen in den Kniekehlen ... aber viele Erwachsene sind auch nicht besser angezogen.
- Typische Erwachsenenheuchelei: Hier reden alle von Jugendarbeitslosigkeit, und woanders in der Welt kämpft die UNO verzweifelt gegen Kinderarbeit!
- Immer auf die Jugend wettern, aber pädophil sein!
- Jugend ohne Gott – dafür aber mit Bauchnabelpiercing.
- Viele Erwachsene verstehen gar nicht, wie schwer es ist, mit 160 Zeichen seine Gefühle auszudrücken.
- Klar wird man gewalttätig, wenn man die heutigen Er-

wachsenen permanent aus der Egoshooter-Perspektive erleben
muss.

- Bei »Counterstrike« den nächsten Level zu erreichen, ist viel
  anspruchsvoller, als in der Schule versetzt zu werden.
- Wie alt war Hitler denn, als er »Mein Kampf« geschrieben
  hat? Eben!
- Die meisten Jugendlichen, die heute scheiße sind, sind doch
  auch als Erwachsene noch scheiße.
- Botox bis über beide Ohren, aber die Leute diskriminieren,
  die echt keine Falten haben!
- Irgendwer muss ja die hässlichen Klamotten in den Läden
  kaufen.
- Als würde es Spaß machen, in der Pause hinter der Sporthal-
  le zu rauchen!
- Ohne die Kinderabteilung von H & M wären viele Liliputaner
  ganz schön am Arsch.
- Es ist viel besser, sich mit fünfzehn tätowieren zu lassen, weil
  alte Menschen mit Tattoos doof aussehen.
- Dass die Gesichter von Teenies so leer und ausdrucks-
  los scheinen, ist nur eine Strategie, um die biometrischen
  Gesichtserkennungsprogramme auszutricksen.
- Bei den Palästinensern sieht man ja, was rauskommt, wenn
  Jugendliche sich mehr in die Politik einbringen.
- Schwererziehbarenheime wären trostlose, öde Orte ohne ein
  paar jugendliche Schreie.
- Alzheimer fängt viel früher an, als die meisten Erwachsenen
  glauben.
- Popper und Punks sind nicht wirklich zerstritten – sie haben
  nur unterschiedliche Stilauffassungen.
- Wer würde schon ein Buch kaufen, das »Die Vorstandsvorsit-
  zenden von Bullerbü« heißt?
- Oder »Hausfrauen ohne Gott«?
- Oder »Die Revolution entlässt ihre Berufsjugendlichen«?

- Oder »Verschwende deine Lungenmaschine«?
- Tiere stinken ja auch.
- Was wärst du lieber: Paris Hilton oder Heidi Kabel?
- Man muss auch berücksichtigen, dass es Kinder viel schwerer haben, an Alkohol heranzukommen.
- Es gibt kaum noch vernünftige Vorbilder, seit die Power Rangers abgesetzt wurden.
- Für ein stattliches Arschgeweih musste jedenfalls kein Hirsch sein Leben lassen!
- Scooter hat viel mehr Klingeltöne verkauft als Mozart!
- Natürlich Nike – Kinder tragen halt lieber Turnschuhe, die von Gleichaltrigen genäht wurden.
- Viele von denen, die heute so erwachsen tun, waren früher selber Jugendliche!

MUSIK & TANZ!

Was sich das Supatopcheckerbunny
zum Thema »Musik & Tanz« überlegt hat:

Musik und Tanz! Das ist ja mal ein Thema mit Pep, werden viele denken! Ein Thema, bei dem man es mal richtig krachen lassen kann, anstatt immer nur alles in Frage zu stellen und daran herumzutheoretisieren mit vielen Worten und komplizierten Satzstrukturen. Und das ist auf jeden Fall auch richtig! Musik und Tanz – da tut sich oft ein ganz konkreter Zusammenhang auf, der sich ganz unmittelbar erschließt ohne viel intellektuelle Reflexion. Zum Beispiel beim Ausgehen. Beim Ausgehen spielen Musik und Tanz nicht selten eine ganz zentrale Rolle, wobei die Musik tendenziell ein vom Tanz unabhängigeres Dasein führt als umgekehrt. Das sieht man schon, wenn man in diese sogenannten Clubs reingeht, um sich das mal anzusehen. Oft läuft da Musik, ohne dass man irgendwo Tanz zu sehen bekommt. Aber kaum je beobachtete ich mal Tanz ohne Musik! Tanz ohne Musik wirkt schnell strange!

Natürlich ist Musik eher etwas zum Hören, Tanz hingegen eher zum Gucken! Darum kann man dem Tanz auch besser entkommen als der Musik. Wenn mir der Tanz einer Person mal nicht so gefällt, dann kann ich ganz leicht weggucken. Weghören kann man ab einer gewissen Lautstärke allerdings gar nicht. Das ist die Macht der Musik. Wenn man die Musik nicht hören mag, sollte man deshalb erst gar nicht dahin gehen, wo sie gespielt wird. Das ist mein Ratschlag zu diesem Thema.

Trotzdem kann man es natürlich niemandem verbieten, auch mal kritisch nachzudenken über diese Art von Abend- und Nachtvergnügung und dabei alles in Frage zu stellen und daran herumzutheoretisieren mit vielen Worten und komplizierten Satzstrukturen! Einem wie Theodor W. Adorno zum Beispiel kann man nicht sagen: »Hör doch mal auf, immer kritisch nachzudenken und dabei alles in Frage zu stellen und daran herumzutheoretisieren mit vielen Worten und komplizierten Satzstrukturen! Mach dich mal locker, go with the flow, get into the groove, clap your hands and get down!« Das wäre halt nicht sein Ding. Adorno stand dem modernen Tanzvergnügen vielmehr kritisch gegenüber. Er meinte sogar, die deprivierten Subjekte, die REGREDIERENDEN TYPEN, die selbst nicht mehr zu leben fühlen, würden wie die Kinder hinter der mehrstimmigen Musik, in der das Wir als Apriori ihres eigenen Sinnes gesetzt ist, herlaufen, weil sie suchen nach der Illusion, irgendwo dabei zu sein, wo sie vermeinen, es lebten die anderen!

Und so ist es ja auch. Wir sind regredierende Typen, Subjekte, die selbst nicht zu leben fühlen und die dieses Defizit zu kompensieren versuchen durch zwanghaftes Überall-dabei-sein-Müssen, auf der Suche nach einem fiktiven Wir, das gesetzt ist in der mehrstimmigen Musik als Apriori ihres eigenen Sinnes! Davon lebt doch diese ganze traurige »Clubkultur«! Das ist schlimm, aber auch nichts Neues, und außerdem hängen daran ja auch wieder ganz viele Arbeitsplätze.

Was sich das Hilfscheckerbunny zum Thema »Musik & Tanz« überlegt hat:

Als ich, das Hilfscheckerbunny, das Thema »Musik & Tanz« zum ersten Mal gehört habe, bin ich aufgesprungen und habe angefangen zu singen. Ein fröhliches kleines Lied. Ich sang es stundenlang, bis ich heiser war und fast zusammenbrach. Zum einen habe ich das getan, weil ich mich über das babyleichte Thema wirklich sehr gefreut habe, zum anderen, weil ich euch ein anschauliches Beispiel dafür liefern wollte, wie wir Menschen Musik verwenden, um unsere Gefühle auszudrücken.

Ich, das Hilfscheckerbunny, habe in diesem Fall das Gefühl »grenzenlose, übertriebene, an Hysterie grenzende Freude« ausgedrückt. Genauso gut hätte ich aber Betroffenheit, Angst oder Hass ausdrücken können. Denn es gibt Melodien passend zu Gefühlen jeglicher Art! Übrigens: Auch wenn man mal gar keine Gefühle zur Hand hat, ist Musik sinnvoll. Denn mit ihr können wir in uns einfach welche erzeugen. Zum Beispiel mit der Musik von New Order! Wenn wir die hören, werden wir glücklich. Und das unabhängig davon, ob wir Hilfscheckerbunnies, Astrophysiker oder Sozialhilfeempfänger sind. Dasselbe, nur andersrum, passiert, wenn wir schlechte Musik hören. Herbert Grönemeyer zum Beispiel oder Mozart. Schlechte Musik macht, dass es uns schlechtgeht. Und zwar uns allen! Unabhängig von Haarfarbe, Geschlecht oder Marke der Stereoanlage. Ihr seht: Dem Phänomen »Musik« kommt man mit ein paar Beispielen und theoretischen Phrasen schnell auf die Schliche!

Gut so! Denn wir haben ja noch ein anderes Thema auf dem Tisch. Das Thema »Tanz«. Und da sieht die Welt ganz anders aus. Schwieriger! Denn täglich grämen sich besonders junge Menschen wegen dieses Themas! So schreibt Atrisha auf www.spielerboard.de: »ich hasse tanzen bis aufs blut (…) aba mama und papa zwingen mich demnächst in ne tanzschule (…) wäh (…).« Zottel schreibt auf der gleichen Seite: »Hab mich vor drei Jahren mal dazu überreden lassen, war scheiße. Jedesmal langsamer Walzer, Disco Fox und solcher Kram. Dann der Abschlussball (…) Ich hatte zuvor was getrunken und keine Peilung mehr gehabt, als ich mit der Mutter meiner Partnerin tanzen sollte. Und dann ist es passiert. Ich bin ihr aufs Abendkleid getreten, das ist gerissen, und dann sind ihre Dinger rausgefallen. Ich hab mir letztens das Video dazu angeguckt, Mann, sah das scheiße aus!«

Ihr seht, es gibt viele Leute, die nicht tanzen können und deshalb schlecht drauf sind. Ich finde komisch, dass das immer noch so ist! Denn heutzutage muss man nur ins Internet gucken, wenn man tanzen lernen will. Da bietet etwa die Tanzschule in Puchheim, in der ich, das Hilfscheckerbunny, damals mit hässlichen Männern Walzer tanzen musste, Folgendes an:

»Wir bringen Schwung in jede(r) Beziehung. Testen Sie unser Angebot Dance4Fans: Das ist Tanzen wie die Stars. 4 × die Woche, 22 Euro/Monat.« Ähnlich Begeisterndes findet man auch in anderen Städten. Für 28 Euro bietet eine Schule in Berlin einen »Keep on Rocking, Breakdance Kurs« an, in dem man »seine Moves in einem Battle tanzen« kann, und für 59,90 Euro kann man in der Volkshochschule Neukölln »Jazz-Dance MTV Style«-Kurse machen und »zu Chart-Hits größere, an Original-Videoclip-Szenen angelehnte energiereiche Choreographien leicht nachvollziehbar erarbeiten«.

Ihr seht: Heutzutage kann man zum Preis von einem Paar Buffalo Boots oder dem Gegenwert von 16 Portionen Köfte tanzen lernen wie ein junger Gott! Oder zumindest wie ein Popstar! Als ich, das Hilfscheckerbunny, noch jung war, war das echt anders! Wer damals so tanzen wollte wie der von The Prodigy oder wie Bezz von den Happy Mondays musste sich bei schlechten Dealern Drogen kaufen und riskieren, ins Gefängnis zu kommen. Deshalb finde ich, dass die Leute von heute, die nicht tanzen können, doof sind und es verdienen, wenn sie der Türsteher nicht in die Disko hereinlässt! Aber das ist jetzt meine rein persönliche Meinung zum Thema und sollte euch nicht davon abhalten, eine eigene zu entwickeln! Rock on!

Was sich unsere Musikexpertin Almut Klotz zum Thema überlegt hat:

Wer nichts wird, wird Wirt« lautet ein geflügeltes Wort. Stimmt ja auch, wenn man unter »werden« eine qualifizierte Ausbildung versteht. Nun ist im Umkehrschluss längst nicht jeder, der keine qualifizierte Ausbildung hat, ein guter Wirt. Aber das behauptet das geflügelte Wort auch gar nicht. Schon eher, dass man mit einer qualifizierten Ausbildung etwas werden könnte. Was natürlich in heutigen Zeiten völliger Quatsch ist. Eine tiefe Wahrheit liegt diesem Spruch allerdings zugrunde: Der öffentliche Schankraum als Heiratsmarkt, Tratsch- und Tauschbörse, als Flucht von zu Hause und als Wahlheimat hat seine Bedeutung nie verloren; beim modernen Menschen ist er sogar Teil der Arbeit geworden.

Als »Wer nichts wird, wird DJ« tauchte das liebgewonnene Bonmot vor einigen Jahren wieder auf. Und in der Tat benötigt man nicht viel, um sich in diesen Berufsstand einzureihen. Die eigene Plattensammlung, aufgepeppt mit ein paar Raritäten, reicht für den Anfang. Ein gewisses Gespür, welche musikalische Peinlichkeit beim öffentlichen

Abspielen einen Trashfaktor hat oder Kultstatus kriegen könnte und welche nicht, ist hilfreich, aber nicht unbedingt notwendig. Ich werde nie vergessen, wie ich zum ersten Mal mit einer Freundin aufgelegt habe in einem Szenebumsladen. Über Geld war nicht gesprochen worden, und irgendwann stellten wir fest, dass dieser Abend keinen Eintritt kostete. O je. Kurz vor Schluss kam der Chef an und sagte: »Eure Gage.« Meine Freundin zählte unter dem DJ-Pult, während ich weiter auflegte. Nach geraumer Zeit kam sie hoch mit bleichem Gesicht: »500 Euro.« Unsere Fassungslosigkeit wich einem Lachkrampf. Beim Zusammenpacken hatten wir das Gefühl, einer goldenen Zukunft entgegenzublicken.

Es gibt viele Ungereimtheiten auf der Welt. Eine davon ist die, dass das Archivieren, Zusammenstellen und Abspielen von Musik mehr Bedeutung hat als deren Produktion und dass man als DJ eher Popstar werden kann denn als Popstar. Verstehen Sie mich bitte nicht falsch, ich habe nichts gegen diese Kultur. Es ist gewiss ein schönes Hobby, Musik zu sammeln. Mir leuchtet nur der Unterschied zu den früheren Lieblingsmixkassetten nicht richtig ein. Und will man eigentlich ständig überall Musik hören, sei sie noch so ausgesucht, jetzt auch schon in hipperen Waschsalons und Baumärkten? Da wird ein Grundbedürfnis des Menschen behauptet, das es gar nicht gibt. Aber was hadere ich, schon ist der DJ-Stern zur Schnuppe geworden und wird bald da ankommen, wo die meisten Bands bereits tapfer vegetieren, wenn sie bei allem Aufwand – Proberaum, Equipment, Soundcheck – auf Eintritt spielen müssen und mit einem Taschengeld nach Hause gehen.

Ja, ich bin konservativ. Ich wäre auch die Erste, die die Unterrichtsfächer Handarbeit und Technisches Werken wieder einführen würde. Keine Angst, nicht geschlechtergetrennt.

Wie zu tanzen sey

- Wählen Sie stets die zur musikalischen Untermalung passenden Schrittfolgen, zum Beispiel: keinen Pogo zum Walzer.
- Regentänze in geschlossenen Räumen sind wenig aussichtsreich und sollten daher unterbleiben.
- Nur dann tanzen, wenn andere tanzen.
- Aber nicht immer dann tanzen, wenn andere tanzen. An Polonaisen nur dann teilnehmen, wenn einen ganz bestimmt keiner sieht, den man kennt (etwa in Japan).
- Wichtig ist beim Tanzen eigentlich nur, dass es voll gut aussieht. Alles andere darf man dabei getrost vergessen.
- Der Rezensent braucht nicht besser machen zu können, was er tadelt. Sonst dürfte man ja gar nichts mehr doof finden! Also etwa auch nicht den französischen Film!
- Wer beim Tanzen hauptsächlich sein Gewicht vom einen Fuß auf den anderen verlagert, der kann das ruhig tun, aber halt nicht auf der Tanzfläche, sondern vielleicht im Klo.
- Nicht um die Handtasche herumtanzen.
- Auch nicht um ein Glas Weizenbier.
- Nicht mit geschlossenen Augen tanzen.
- Nicht in offenen Sandalen. Da helfen auch Socken nicht.
- Nicht zu »It's Raining Men« tanzen.
- Oder gar zu »I Will Survive«.
- Außer man ist besoffen und fühlt sich grad ganz gut.
- Beim Funky Broadway mit hohen Zappzerapp-Händen wird auf eins die Hand vom Körper weggestreckt, dabei dreht die Handfläche nach außen. Auf zwei schließt sich die nach außen gedrehte Handfläche zu einer lockeren Faust und wird dabei aus dem Handgelenk so gedreht, dass nun der Handrücken nach außen zeigt. Auf drei wird die lockere Faust zum Körper gezogen. Auf vier wird die Bewegung auch mit der anderen Hand wiederholt.

- Wer immer die Tanzstile von anderen kopiert, vergisst, dass er ein einzigartiges Individuum ist.
- Nicht mitsingen, zumindest nicht bei »Sunday Bloody Sunday«.
- Nicht mit dem Tanzen aufhören, nur weil man vielleicht mal ein Glas Wasser über den Kopf geschüttet kriegt.
- Oder ein Glas Bier.
- Nicht barfuß tanzen.
- Nicht mitschnipsen.
- Beim Pogotanzen nicht auf die Frisur achten.
- Und sich hinterher nicht über rempelnde Rüpel beklagen.
- Gleichgewicht halten ist meist von Vorteil, aber auch nicht unbedingt erforderlich.
- Wenn man auf der Tanzfläche hinfällt, soll man sich erst mal zügig und direkt ein neues Bier holen gehen.
- Wenn man in der Volkshochschule einen Bauchtanz- oder Flamenco-Kurs gemacht hat, sollte man sich das nicht anmerken lassen.
- Wer's mit dem Ischias hat, muss bei klassischen Hebefiguren ein bisschen vorsichtig sein.
- Wenn man schon Formationstanz macht, dann empfiehlt sich dabei ein unbeteiligtes Gesicht.
- Zu Sommerhits tanzt man nur in der korrekten Schrittkombination.
- Mit dem Arsch wackeln darf nur, wer mit ihm wackeln kann.
- Wer in den Achtzigern Dirty Dancing gesehen hat, sollte heute darüber hinweg sein.
- Vor dem Spiegel üben bringt auch nichts.
- Beim Schuhwerk ist nicht auf Funktionalität zu achten, sondern auf gutes Aussehen.
- Wird dem König, der stets die Hauptrichtung des Tanzes vorgibt, das Menuett zu gleichförmig, kann er nach einem neuen Mouvement oder nach einer »danse à deux« verlangen.

- Wer zetert, weil ihm einer auf den Fuß getreten ist, ist doof.
- Auf der Tanzfläche darf man trinken, aber nichts mit einem Schirmchen darin.
- Wer sich ravend zur Bar oder zum Klo bewegt, soll sterben.
- Was bei MTV gut aussieht, sieht nur bei MTV gut aus.
- Der Moonwalk ist passé.
- Außer man ist besoffen und fühlt sich grad ganz gut.
- Schweißfleckenbildung zeugt von ehrlichem Engagement.
- Wer normalerweise total bescheuert tanzt, wird auch auf Drogen total bescheuert tanzen.
- Im Kreis tanzen darf man nur im Kindergarten.
- Wenn man eine Brille trägt, dann kann die kaputtgehen.
- Wer die neuesten Moves nicht checkt, kann auf ältere zurückgreifen.
- Der akademische Grad hilft beim Tanzen auch nicht weiter.
- Aber gute Laune haben, das hilft weiter!

REALITÄT & ILLUSION!

Was sich das Supatopcheckerbunny zum Thema
»Realität & Illusion« überlegt hat:

Über das Thema Realität lässt sich im Prinzip ziemlich viel sagen. Warum? Weil jeder glaubt, sich mit der Realität automatisch gut auszukennen, weil sie ja irgendwie immer da ist. Und das stimmt ja auch! Irgendwie ist die Realität ständig um einen herum, und es ist problematisch, wenn nicht gar unmöglich, ihr zu entkommen.

Und zwar noch nicht einmal mit Hilfe der Illusion. Warum? Weil eine Illusion gar nicht erst zustande kommt ohne die Realität! Wie ein Schatten gar nicht erst zustande kommt ohne die Sonne. So kann man sich das der Einfachheit halber zur Illustration mal vorstellen, habe ich mir überlegt. Realität und Illusion sind miteinander verknüpft wie zwei sehr stark miteinander verknüpfte Sachen! Ein guter Beweis dafür ist zum Beispiel die Heisenberg'sche Unschärferelation ($\Delta x \cdot \Delta p \geq \frac{1}{2}\hbar$), die, wie man hier auch wieder sieht, einwandfrei beweist, dass man manche Dinge nicht so genau nehmen darf.

Und da stellt sich schon die zentrale Frage: Realität und Illusion – wodurch unterscheidet man die überhaupt? Manche Leute meinen: Ist doch ganz leicht – die Realität erkennt man daran, dass sie real ist. Aber diese Antwort überzeugt mich nicht. Sie ist mir ein bisschen zu simpel gestrickt. Ich würde da nochmal nachhaken: Woher wissen wir, ob etwas real ist? Manche Leute sagen: Wenn ich es zum Beispiel sehen kann, dann ist es real. Zum Beispiel im Fernsehen.

Und das ist ja auch gar nicht mal so verkehrt. Das Fernsehen wird schon real sein, auch wenn man manchmal gar nicht weiß, warum. Manchmal sehe ich etwas im Fernsehen und frage mich: Ist das nun die Realität? Und dann frage ich jemanden, der das gerade zusammen mit mir sieht: »Sag mal, siehst du das auch gerade?« Und wenn der dann sagt: »Ja, ich sehe es auch«, dann ist schon mal bewiesen, dass das keine komplette Illusion ist, auch wenn man manchmal gar nicht weiß, warum. Das Fernsehen ist also die Realität, oder zumindest ein Teil davon. Was jetzt immer noch nicht ganz klar ist: Ist es denn auch die GANZE und die WIRKLICHE Realität? Oder handelt es sich dabei vielleicht nur um die Schatten einer anderen, einer REALEREN Realität? Letztens sah ich auf der Straße eine Mutter mit einem fünfjährigen Jungen, und die Mutter beugte sich runter zu dem Jungen, zuppelte ihn am Ärmel und sagte: »Bist du Jesus oder was, dass du alles weißt?« Vielleicht hätte er die Antwort auf diese Frage aber auch nicht gewusst.

Und selbst wenn. Die Antwort hätte auch nur aus Worten bestanden, so wie dieser heitere kleine Aufsatz, und was sind schon Worte? Können Worte die Realität mal eben so abbilden? Der radikale Dekonstruktivismus würde das verneinen. Dabei wäre er aber nicht der radikale Dekonstruktivismus, wenn er nicht im Überschwang der Gefühle gleich noch viel mehr mit verneinen würde, quasi die ganze Realität, wie Lieschen Müller und das Hilfscheckerbunny sie sich so vorstellen in ihren vom radikalen Dekonstruktivismus unbelasteten Köpfchen! Nur mal so als Beispiel wird in radikal dekonstruktivistischen Kreisen einfach behauptet, dass das Zentrum gar nicht das Zentrum sei! Die Begründung für diese ebenso radikal wie dekonstruktivistische Behauptung habe ich grad nicht in extenso präsent, aber irgendwie geht es darum, dass im Zentrum Elemente und Terme weder substituiert noch im Sinne der Permutation transformiert werden können, weil wohl das Zentrum von jeher sich der Strukturalität entzieht, indem es sie beherrscht! Und darum befindet sich das Zentrum paradoxerweise da, wo es ist, gleichzeitig auch nicht. Es ist drinnen und gleichzeitig draußen, es tanzt auf mehreren Hochzeiten, auch wenn engstirnige Menschen immer wieder behaupten, das könne man nicht. Das Zentrum kann das! Obwohl es ja nicht das Zentrum ist.

Der radikale Konstruktivismus hat die Sache also ganz pfiffig gelöst. Allerdings ist das alles auch ein bisschen traurig. Denn wenn das Zentrum nicht das Zentrum ist, dann ist das Zuhause auch nicht das Zuhause. Oder vielleicht dann doch wieder, aber woanders.

Was sich das *Hilfscheckerbunny* zum Thema »*Realität & Illusion*« überlegt hat:

Hier in der Realität sitze ich, euer Hilfscheckerbunny, ganz normal so wie immer am Schreibtisch und schreibe am Computer die Worte nieder, die ich gerade aus dem Internet oder aus meinem Kopf herausgeholt habe. Und niemand der von außen diese Szene beobachtet, hat auch nur eine leise Ahnung davon, welche großartigen Illusionen jetzt in diesem Moment zerplatzen wie billig schimmernde Seifenblasen.

Denn vor jedem Text, den ich schreibe, wünsche ich mir von Herzen, dass mir diesmal etwas Akademischeres und Klügeres zum Thema einfällt als dem Supatopcheckerbunny! Ja, denke ich, bei diesem Text wird allen Lesern der Mund sperrangelweit offen stehen, weil unfassbar schlaue Dinge drinstehen. Die Klugheit dieses Textes wird die der allerberühmtesten Philosophen überstrahlen! Sogar das Supatopcheckerbunny wird beeindruckt sein – und sich heimlich wünschen, irgendwann so zu sein wie ich, das Hilfscheckerbunny!

Ach – wie schön ist diese Illusion, und wie bitter ist doch die Realität. Denn in der Realität sieht es so aus, dass mich bei diesem Text das Internet total im Stich gelassen hat. Statt mir zu helfen und mich zu inspirieren, hat es mir, als ich die Begriffe »Realität« und »Illusion« eingegeben habe, völlig Unverständliches geliefert. Das hier: »Gerhard Roth unterscheidet deshalb eine objektive, bewusstseinsunabhängige, transphänomenale Realität von der Wirklichkeit, die unser Gehirn konstruiert.[15] Hier wird Roths Unterscheidung übernommen: ›Realität‹ bedeutet damit nichts anderes als Kants ›Ding an sich‹, sie ist also prinzipiell unerkennbar.«

Das hier: »Und wenn diese Welt Illusion ist, was bedeutet das dann? Dass dein Körper Illusion ist. Dass es Illusion ist, wenn dein Körper erkrankt. Dass, falls du einen gesunden Körper zu haben scheinst, der dir keine Probleme bereitet, wenn du so willst, auch das Illusion ist. Und was, wenn du einen Batzen Geld hast, mit dem du alle Dinge dieser Welt kaufen kannst, dann folgt darauf automatisch, dass auch das Illusion ist.« Und das: »Sommerillusion ist ein Selbstbräuner auf Creme-Gel-Basis mit natürlichem Walnussextrakt sowie Zuckerrohrextrakt.«

Was für ein Schrott! Wie, bitteschön, soll man aus diesen Informationen einen tollen Text zaubern? Wenn überhaupt, lernt man nur zwei Dinge daraus:

Erstens, dass es eine Illusion ist zu glauben, dass das Internet einem Hilfscheckerbunny dabei hilft, ein Supatopcheckerbunny zu übertrumpfen.

Zweitens, dass es in einer Realität mit einem Supatopcheckerbunny so ist, dass man selbst immer das Hilfscheckerbunny bleibt. Das hat mich erst ziemlich traurig gemacht. Aber dann habe ich über andere Supahelden nachgedacht. Und wenn Batman Robin hat, dann hat das Supatopcheckerbunny auch mich verdient.

---

15 Vgl. z.B.: Gerhard Roth, Das Gehirn und seine Wirklichkeit, S. 288.

Was unser wissenschaftlicher Assistent Cornelius noch zu ergänzen hat:

Schon klar, dass eine rigorose und schon gar eine akademisch platzierte Philosophie die Einführung des Supatopcheckerbunny in den disziplinären Großklopper »Realität & Illusion« inadäquat finden wird. Geschenkt. Dem zweiten Blick aber enthüllt sich der etwas versteckte Aufruf der erkenntnistheoretischen Urszene schlechthin. »Die Schatten« und »die Sonne« heißt ja nicht viel anderes als: ab zu Platons Höhlengleichnis! Der Mensch starrt auf die Schatten an der Wand und hält sie für die »wahre Welt«, in echt handelt es sich aber nur um Abbildungen des wahren Seienden, draußen ist die Sonne, ideeller Ursprung und so weiter. Nach furiosen Anschlägen auf diese Gründung des Idealismus hatte der Wissenschaftshistoriker Roberto Casati nun den sympathischen wie bunnyesk sympathetischen Gedanken, anstatt immer nur auf das Licht und die Ideen einzuteufeln, sich zur Abwechslung mal auf die Seite des Schattens zu schlagen, des vom Abendland verdroschenen Hundes. Krasser als der Schatten im Dualismus der Lichtmetaphorik kann man kaum fertiggemacht werden. Immer ist alles an der Sonne Aufklärung und geil, am Schatten hingegen alles Verdunkelung, Wissensbremse und Totenreich, noch auf jedem Lucky-Luke-Heft zieht der reale Körper schneller als sein Schatten, dabei stimmt es nicht, es ist ungerecht. Hallo, Wissensgeschichte der Astronomie, Sonnenuhr, hallo, Kepler: »Alle Himmelsbeobachtungen erfolgen mit Hilfe von Licht und Schatten.« Ohne Schatten keine Beschreibung des Mondgesichts durch Galilei, und ansonsten hallo, Wüste, auch, in der Schatten Leben bedeutet, genau wie »umbrella« wörtlich noch die Markierung als hübscher Schattenspender trägt und ja erst in depressiverem Klima zum Regenschirm erniedrigt wurde. Höchste Zeit also für eine Ermächtigung, die nicht mit den Waffen der Romantik ertrotzt wird, sondern mit Dialektik.

Was wir unseren Illusionsexperten
Manuel Muerte gefragt haben,
und was er geantwortet hat
(wobei er zwei Zaubertricks verrät!):

Was ist besser: Realität oder Illusion?
Die Frage ist irrelevant. Für den Asiaten ist beides das Gleiche. Als praktizierender Esoteriker bin ich ebenfalls zu der Überzeugung gelangt, dass die Realität mitnichten real ist und die Illusion real werden kann. Jeder weiß doch: Wir erschaffen uns die Realität selber. Im Guten wie im Schlechten. Als Zauberkünstler jedoch stehe ich unter einem gewissen Erwartungsdruck, die Illusion zu realisieren, daher muss ich mich sehr mit realen Problemen wie etwa Schwerkraft, Bühnentechnikern, fundamentalen Christen und Manipulationsvorwürfen rumschlagen.

Wie viel verdient man als Zauberer?
Wir Hanseaten sprechen nicht über Geld. Aber so viel sei verraten: In guten Monaten nähere ich mich dem Gehalt eines VW-Managers, und in schlechten Monaten ist das Einkommen geringer als das eines Hartz-IV-Empfängers.

Warum bist du nicht Zahnarzt geworden?
Ich arbeite nebenbei als Hobby-Dentist. Leider bin ich noch nicht gut genug, um meinen Lebensunterhalt damit zu bestreiten. Trotzdem, die Zahnmedizin ist mittlerweile ein nicht unbeachtliches Standbein geworden.

Bedrückt es dich, dass Harry Potter berühmter ist als du und besser zaubern kann?
Wer ist denn bitte Harry Potter? Dieser Gimpel, dieser Emporkömmling!

Zauberer zersägen sehr gerne Frauen. Hat das was mit unterschwelliger Ag-
gression zu tun? Oder sägen die nur gerne?

Ja, aber ich säge nicht gerne, weil ich Basteln hasse. Aber generell handelt es sich hierbei in der Tat um frühkindliche Verletzungen, die der Magier spielerisch vor Publikum verarbeiten kann. Ein klares Plus für diesen Beruf. Andere Menschen müssen diese Aggressionen in sich hineinfressen, beschäftigen Heerscharen von Psychotherapeuten oder treiben sich nachts in Parks herum.

Welchen Beruf würdest du neben Zauberer gerne ausüben?

Eigentlich wollte ich immer Privatier werden und von einer Apanage leben. Aber das Leben meinte es schlecht mit mir. Es hat mir keine Wahl gelassen. Jetzt muss ich lebenslänglich zaubern, ich habe ja nichts Gescheites gelernt. Hätte ich doch nur auf meine Eltern gehört! Dieser Albtraum hört einfach nicht auf. Einmal habe ich es mit einer anderen Tätigkeit versucht und mir einen alten Jugendtraum erfüllt: Im Rahmen einer Theateraufführung habe ich eine Sekte gegründet. Der Beruf des Sektenführers ist mir aber nach anfänglicher Begeisterung sehr schal aufgestoßen: hirnlose Anhängerinnen mit Vater-Komplex, das ewige Grinsenmüssen, der Geruch nach indischen Räucherwaren und die staatlichen Sektenbeauftragten haben mir den Garaus gemacht. Das alte Zauberer-Sprichwort »Zauberer, bleib bei deinen Hasen« hat sich wieder einmal bewahrheitet, und reumütig bin ich in den Schoß der Magie zurückgekehrt.

Wer ist der berühmteste Zauberer und warum?

Harry Potter. Aber streng genommen ist Harry Houdini die Nummer eins. Auf der Rankingliste der bedeutendsten Zauberkünstler aller Zeiten steht er unangefochten auf Platz eins. Warum, weiß ich nicht. Wahrscheinlich, weil er ein frühes PR-Genie war. Ein Name wurde aber aus Scham gar nicht erst nominiert, obwohl er unangefochten die Nummer eins war. Ich spreche hier von Jesus. Der Sohn Gottes konnte über Wasser gehen, Tote zum Leben erwecken, Wasser in Wein verwandeln oder Brote vermehren. Der kluge Eingeweihte ahnt es düster: Hier könnte Zauberei im Spiel gewesen sein. So gehörte zum Beispiel der Stunt »Über Wasser gehen« zum Standardrepertoire der vorchristlichen Taschenspieler. Der Trick ist übrigens leicht vorzuführen: Man muss nur vor dem Gang heimlich einige Steine auf den Grund des zu begehenden Gewässers platzieren. Früher waren die Menschen leicht zu täuschen, und der Vermischung von Tricktechnik mit spirituellen Inhalten haftete nichts Anrüchiges an. Aber vielleicht war ja doch alles echt beim Jesus. Immerhin wurde eine Kirche um ihn herum gegründet.

Meine persönlichen Favoriten sind aber ganz klar Uri Geller, Sai Baba und Hanussen. Der israelische Besteckverbieger, der indische Wunderguru und Hitlers Wahrsager, der den Reichstagsbrand vorhergesehen hat, haben etwas gemeinsam: Alle drei haben von der verbotenen Frucht der Magie genascht. Sie haben behauptet, wirklich zaubern zu können, obwohl sie erwiesenermaßen mit Tricks gearbeitet haben. Die Menschen glauben ihnen das gerne, denn *mundus vult decipi.*

Was passiert, wenn du uns hier einen Zaubertrick verrätst?

Dann wird mir der Vereinsbann des magischen Zirkels angehext. Übrigens verraten Zauberkünstler ihre Tricks so ungern, weil die Lösungen so simpel sind, dass sie sich schämen, das Publikum so zu hintergehen.

Verrätst du uns trotzdem einen?

Ja, gerne: Nimm ein Paar alte Schuhe und schneide die Sohle heraus. Wenn du dich dann auf die Zehenspitzen stellst, sieht es für die Person, die dir gegenübersteht, so aus, als ob du zehn bis zwanzig Zentimeter in die Luft schwebst. Weil ihr es seid, verrate ich euch sogar noch einen: Ihr braucht zwei identische Räume mit identischem Mobiliar. Einer der beiden Räume muss speziell präpariert werden: Alle Möbel werden an die Decke geklebt, Bilder werden verkehrt herum aufgehängt und so weiter. Jetzt braucht ihr nur noch ein starkes Schlafmittel, und los geht's: Ladet Freunde, Feinde oder Geschäftspartner ein und führt die Gesellschaft in den nicht präparierten Raum. Nun kredenzt ihr ein Getränk mit reichlich Schlafmittel. Sobald alle schlafen, schafft ihr die Partymischpoke in den anderen, präparierten Raum. Wenn jetzt die

Gäste aufwachen, ist der Schreck groß: Alle kleben scheinbar an der Decke. Ein Riesenspaß!

Was möchtest du uns Bunnies mit auf den Weg geben?

Bitte geht nicht mit jedem Zauberer, den ihr auf der Straße trefft, in seinen Zylinder!

Wünsche für eine bessere Realität:

Eigentlich sind wir Bunnies ganz zufrieden mit der Realität! Aber manchmal könnten wir uns auch durchaus eine bessere Realität vorstellen!

- Eine Realität, in der Schokolade schön und schlank macht!
- In der das Finanzamt einem was überweist, wenn man mal knapp bei Kasse ist!
- Und wo die Störche die Frösche erst essen, nachdem sie eines natürlichen Todes gestorben sind!
- Eine Realität, in der die Menschen netter sind zueinander!
- Und mehr lächeln!
- Und sich auch mal um die kümmern, die stinken!
- In der es bei Kaiser's extra Kassen gibt, wenn man es besonders eilig hat!
- Wo man abends gut einschläft und am Morgen frisch und voller Energie aufwacht ohne Wecker!
- In der schöne Schuhe billiger sind als hässliche! Und die ganz hässlichen sowieso verboten sind!
- Eine Realität, in der Spinnen kleine Tarnkostüme tragen, damit sich keiner mehr vor ihnen ekeln muss!
- Eine Realität, in der aus Staub keine Mäuse werden, sondern andere lustige Figuren!
- Und in der Gestörte so freundlich sind, einfach zu Hause zu bleiben!

- Oder mal über sich selbst lachen!
- In der Leute mit Husten am Kinoeingang festgenommen werden!
- Und wo man fürs Angucken schlechter Filme Geld bekommt!
- In der man statt stinkender Mülleimer kleine Schweinchen hat, die den Müll aufessen und dabei herzig schmatzen!

ADEL & MONARCHIE!

Was sich das Supatopcheckerbunny zum Thema
»Adel & Monarchie« überlegt hat:

Im Gegensatz zu USA, Mode und Jugend ist das Thema Adel ein
sehr altes Thema. Schon im Mittelalter spielte der Adel eine wichtige Rolle für die Gesellschaft und die Geschichte, und das nicht nur
hier bei uns in Deutschland. Der Engländer William Shakespeare zum
Beispiel schrieb schon im 16. Jahrhundert ganze Dramen über Adelige
und Monarchen. Manche der Adeligen waren ganz nett, andere nie-
derträchtig, und wieder andere hatten Probleme mit den Franzosen.
Nüchtern betrachtet, also Menschen wie du und ich!

Dennoch rankt sich manch schillernder Mythos um den Adel, und
man fragt sich: *Why?* Sind das letztlich nicht einfach Menschen so wie
du und ich? Was haben die geleistet? Haben sie vielleicht Bäume ge-
pflanzt, haben sie eine kleine pelzige Tierart vor dem Aussterben be-
wahrt, jemanden zum Lachen gebracht? Haben die alle mal Live-Aid-
Konzerte organisiert? Gab es das überhaupt im Mittelalter? Und wenn
ja, wer waren die Stars?

Es gibt objektiv und subjektiv vielerlei Gründe, froh darüber zu sein,
dass das Mittelalter vorbei ist. Im Mittelalter wurden den Menschen
die defekten Weisheitszähne ohne Narkose auf dem Marktplatz gezogen, und zwar nicht mal von qualifizierten Zahnmedizinern, sondern
von der Inquisition! Das Wetter war immer irgendwie staubig, und die
mittelalterliche Mode war etwas lächerlich. Der Adel mag das alles anders sehen, denn damals im Mittelalter waren die eben noch wer, wäh-

rend heute überhaupt nicht mehr klar ist, worin deren Aufgabe noch besteht! Manche meinen: Der neue Sinn von Adel und Monarchie liegt heute im Entertainment-Bereich. Einige Adlige suchen deshalb auch schon seit geraumer Zeit die Nähe zu subproletarischen TV-Formaten. Andere Adlige bedauern diese Entwicklung vielleicht.

In seiner Geschichte über Heinrich VI. (»Henry VI«) schreibt Shakespeare jedenfalls: »Der echte Adel weiß von keiner Furcht!« Wenn das stimmt, und Shakespeare schreibt ja immerhin nicht IRGENDEINEN SCHWACHSINN, dann sind die, die sich in subproletarische TV-Formate wagen, jedenfalls echter als die, die bräsig auf ihren Schlössern und Ländereien hocken und halt allenfalls noch komische Namen und vielleicht die ein oder andere exquisite Erbkrankheit haben, aber sonst auch nicht viel oder was! Furchtlosigkeit ist eine hervorragende Eigenschaft, die man zum Beispiel gut gebrauchen kann, um auf großen Wellen zu surfen, Spinnen einzufangen oder sich der undurchsichtigen Erwartungshaltung einer sehr großen Leserschaft auszusetzen, die gutes Geld bezahlt hat für ein Buch, mit dem sie dann im Sessel sitzt. Und die etwas geboten bekommen möchte für das gute Geld![16] Furcht und Angst helfen da jedenfalls nicht weiter, Furcht und Angst machen den Menschen nur klein und kleinlich und überdies auch noch langweilig. Darum ein Hoch auf den furchtlosen Adel und das Entertainment, nun also doch!

---

16 *Das jetzt uns gehört! HCB.*

SUPATOPCHECKER ...BUNNY

HALLO SUPATOPCHECKERBUNNY, KOMMST DU MIT INS KINO?

ICH HABE LEIDER KEINE ZEIT, DENN ICH BIN AUF DEM WEG ZU EINEM DÎNER BEI GROSSHERZOG PETRA ZU CORNISH-HASSELOHE!

HIER LIEBER GROSSHERZOG PETRA! BLUMEN FÜR SIE!

ACH, WIE GANZ REIZEND, DIE WERDE ICH MIR GLEICH IN EINE SCHÖNE VASE STELLEN, WO SIE GUT ZUR GELTUNG KOMMEN.

ES IST DIESE KULTIVIERTHEIT AN IHNEN, DIE MICH JEDES MAL BEGEISTERT, HERZOG!

GROSSHERZOG — SO VIEL ZEIT MUSS SEIN, LIEBES BUNNY.

SUPATOPCHECKERBUNNY!

HAHAHAHA!

Was sich das Hilfscheckerbunny zum Thema »Adel & Monarchie« überlegt hat:

Ja, ich weiß, was ihr von mir, dem Hilfscheckerbunny, denkt: Ihr denkt, dass ich total verrückt nach adeligen Menschen bin, weil viele von denen reich sind und Schlösser haben. Und dass ich selbstverständlich auch mal einen von denen heiraten möchte, um dann Prinzessin zu sein.

Aber ganz so dumm, wir ihr alle denkt, bin ich gar nicht. Beziehungsweise bin ich gar nicht mehr! Denn wenn man im Internet ein bisschen nach Information über den Adel sucht, dann wird einem schnell klar, dass es mit dieser Sorte Mensch viele Probleme gibt: Erstens »betrieben die europäischen Königshäuser, um ihr adliges Blut rein zu halten, eine gezielte Heiratspolitik, die letztlich zu Inzucht führte. Das Geschlecht der Habsburger erzeugte auf diese Weise die ›Habsburger Lippe‹, eine Missbildung des Kiefers, welche die Betroffenen zwang, sich vorwiegend von Suppe und Brei zu ernähren«.[17] Das bedeutet, auf Deutsch übersetzt, dass man, wenn man einen Adeligen heiratet, mit hoher Wahrscheinlichkeit ein Kind bekommt, das hässlich ist und in der Schule gehänselt wird. Und das (was noch viel schlimmer ist!) nicht mal Schulbrote essen kann. Zweitens ist für Adelige »Heiraten hohe Außenpolitik«[18], weshalb alle europäischen Königs- und Fürstenhäuser miteinander verwandt sind. Das heißt für einen selbst, dass man hinterher, also nach der Hochzeit, mit halb Europa verwandt ist, und zwar auch mit den Franzosen! Drittens (und das ist ganz besonders wichtig!): Wer lieber einen Adeligen heiraten möchte als einen normalen Mann, verstößt gegen Artikel drei, Abschnitt drei, des deutschen Grundgesetzes. In dem Artikel steht nämlich, dass man niemanden

---

17 »corrado26« im Deutschen Münzforum, www.emuenzen.de
18 Vergleiche Britta Orgovanyi-Hanstein auf der Seite www.Geschichtsbaum.de

wegen seines Geschlechtes und seiner Abstammung benachteiligen oder bevorzugen darf! Also, gegen das Grundgesetz verstoßen kommt für mich nicht in Frage[19], das gibt einen Heidenärger! Und die anderen Gründe sind auch nicht ohne!

Deshalb habe ich beschlossen, dass ich vielleicht besser jemanden mit viel Geld aus Amerika heirate, statt einen Europäer mit kaputtem Erbgut. Auf diesen Plan bin ich gekommen, weil auf www.studis-online.de steht: »Amerika hat keinen Adel, und damit fehlen ihm im europäischen Sinne die Träger der Kultur und des guten Geschmacks.« Ihr seht: Die Bedingungen in Amerika sind optimal, zumindest, wenn man wie ich den guten Geschmack auch selbst in die Ehe einbringen kann.

Als ich mich dann auf die Suche nach einem passenden Amerikaner gemacht habe, habe ich einen schönen Schreck bekommen! In Amerika gibt es nämlich lauter Musiker und Schauspieler, die »Duke« und »Prince« heißen, und – als wäre das noch nicht genug – sogar eine Burgerkette namens »King«. Ganz Amerika ist vom Adel unterwandert! Und somit gibt es auch dort nicht den richtigen Mann für mich!

Diese Erkenntnis hat mich sehr, sehr traurig gemacht. Und später, als ich bei Burger King essen war, hab ich die Krone abgelehnt.

Was sich unser Adelsexperte Dr. Leonhard Horowski
zum Thema überlegt hat:

Auf der Couch mit Graf H. – Ein Erfahrungsbericht.

Doch, es hat viel Spaß gemacht, wirklich – das sei allen Zweiflern und Nörglern gleich vorneweg ins Stammbuch geschrieben oder in die Stammtafel, falls sie eine haben. Natürlich ist man als Adelsforscher parteilich, natürlich hätte ich auch dem Charme der Gastgeberinnen nicht widerstehen können, als sie mich fragten, ob ich nicht

---

19   *Vorbildlich, HCB! STCB.*

an der Adels-Lecture teilnehmen wolle: Aber wenn man professionell vorwiegend mit seit zwei- bis dreihundert Jahren toten Edelleuten zu tun hat, dann ist es eben immer wieder eine hübsche Abwechslung, sich im Wortsinne *live* mit einem ihrer Nachkommen zu unterhalten. Es war dann auch wirklich nett mit Erwein Kraft Weriand Aloys Thomas Maria[20] Graf zu Hohenau-Butzbach und Spurkenburg, auch zu Broich und Schattenbroich, Wild- und Rheingraf zu Bockstein, Edler Herr zu Püttlingen, Limburg und Henze und so weiter, der nicht nur in seiner lebhaften Zurückhaltung stilvoll dem Ideal des klassischen Edelmannes entsprach, sondern zugleich das lebende Beispiel für die ungemein geschickte Einladungspolitik der charmanten Gastgeberinnen war.

So leicht ist es schließlich selbst – oder eher: gerade – in einer Stadt von der Größe Berlins nicht (ja, wenn es Passau wäre, Lourdes, Rottach-Egern, Neuilly-sur-Seine oder Medjugorje!), einen der infinitesimal wenigen Menschen zu finden, der legal am informellen Abendessen des Königs von Frankreich teilnehmen darf[21], von dessen Thronan-

---

20 Da werden jetzt gewiss die oben angeführten Zweifler und Nögler allerhand anmerken wollen zu solchen Namen; ihnen aber sei gesagt: In einem Umfeld, in dem so manche Familie ihre Söhne seit Jahrhunderten Ikko, Dodo, Bolko, Haupt, Rabe oder Asche nennt, in einem Milieu, in dem Tanten, wenn nicht gar Cousinen Wiltrud Theodolinde oder Nepomuzene Hermenegilde heißen und Onkel oder Vettern schon mal als Wirich Casimir, Erdmann Wenceslaus oder Eitel-Eck enden – in so einer Umgebung sind diese Namen ja wohl absolute Hauptgewinne. Weiteres hierzu vgl. Odoaker Hoader v. Vilhirns, »Namensglück und Namensgram in der k.u.k. Monarchie«, *Miszellen des Instituts für angewandte Soziopathophilologie der Universität Graz XXII* (1957), S. 122–147, sowie als Erwiderung darauf Ovid Nashorner v. Hradakilo, »Vom Gram zum Anagramm oder Die Kunst, sich an die eigene Nase zu fassen«, *Proceedings of the Transcarpathian Society of Sociopathophilologists* 38 (1958), S. 47–111.

21 Natürlich nicht am förmlichen Abendessen, bei dem außer der Königin überhaupt niemand mit am Tisch sitzen darf. Für das formlose Abendessen oder *petit souper* gilt nach wie vor die meisterhaft logische Herleitung im Gesandtschaftsbericht des Grafen (späteren Fürsten) Kaunitz-Rietberg von 1753: »Um zum Abendessen des Königs zu kommen, muss man mit dem König gejagt haben. Um mit dem König zu jagen, muss man in einer königlichen Karosse mit auf die Jagd genommen werden. Um in einer königlichen Karosse

sprüchen auf Monaco anstelle des zweifelhaft legitimierten De-facto-Herrscherhauses (ich sage nur: Erbrecht durch One-Night-Stand mit dem marokkanischen Zimmermädchen?)[22] man weiterhin auch allerhand Fundiertes sagen könnte, wenn man nicht gerade die zunehmende Strafmacht der einschlägigen Rechtsanwälte fürchten müsste; und der schließlich immerhin nahe dran ist, seiner Ehefrau das so genannte Hocker-Recht in die Ehe einzubringen, also das Recht, in Anwesenheit der Königin von Frankreich auf einem Hocker zu sitzen[23] – wer sonst kann das schon von sich sagen? (Trotzdem war es wahrscheinlich klug von den Gastgeberinnen, die Sitzordnung an jenem Abend nicht den

---

mitfahren zu dürfen, muss man beim Hofgenealogen durch Vorlage von drei Originalurkunden pro Generation beweisen, dass alle Vorfahren männlicher Linie seit mindestens dem Jahre 1400 adelig waren.« Das Haus Hohenau-Butzbach erfüllt diese Bedingungen selbstverständlich, ohne mit der Wimper zu zucken.

22 So gesehen darf man der oft ironisierten Mutter von Grace Kelly vielleicht doch ein tieferes Verständnis der Sachlage unterstellen, als sie 1956 ihrem Mann die gute Nachricht mit den Worten »Stell dir vor, Schatz, unsere Tochter will den *Fürsten von Marokko* heiraten!« mitteilte. Allerdings muß ich auch in diesem Punkt meine Parteilichkeit eingestehen, da Mrs Kelly meine Großtante achten Grades war (für die Nörgler und Zweifler: nein, das ist *kein* Snobismus – wir reden von einem geborenen *Fräulein Maier*).

23 Zugegebenermaßen nur nahe dran, da erstens dieses Recht allein dem ältesten Sohn des Hauses zukommt (also hier dem älteren Bruder, Erbgraf Hubsi, von dem unser Gast nicht so gerne erzählen wollte), und zweitens die Wirksamkeit der 1528 an Graf Kraft VII. von Spurkenburg, den unter dem freundlichen Spitznamen »Bauern-Kraft« bekannten Vernichter des mittelhessischen Bauernaufstandes, verliehenen Würde eines Granden von Spanien erster Klasse davon abhängt, welchen Ausgang des Spanischen Erbfolgekrieges (1701–1714) man als legal bindend annimmt, eine bekanntlich bis heute ungeklärte Frage (vgl. zu den Einzelheiten die nach wie vor unübertroffen meisterliche Studie von Conte Don Pompeo Arrivabene Tagliatelle, »L'eredità del Spurchemburgo. Difficoltà giuridiche e costituzionale nella successione del più glorioso capo dei banditi del Cinquecento«, *Annali della Società Siciliana degli Amici della Musica Seriosa* 163 (1921), S. 208–287. Die Einwände von Harro Nordinski de Vohlava, »Spurkenburg? Nimmermehr!«, *Pamphlete der Patriotischen Jugendbrigade Nestor Gerontenko* LXXXVII (1977), S. 78 f., sind läppisch.) Alternativ würde sonst notfalls auch die Übernahme des monegassischen Thrones den erwünschten Effekt haben.

historischen Spielregeln anzupassen, denn wenn auch die bis 1806 gültige verfassungsrechtliche Position des Hauses Hohenau-Butzbach ihm einen Sitz im Reichsfürstenrat garantierte, den es sich allerdings mit den 32 anderen Mitgliedern der so genannten Wetterauischen Grafenbank teilen musste – also ein Arrangement, das den Platzverhältnissen auf dem Gästesofa des Veranstaltungslokals ziemlich ähnlich war –, so wäre doch die historisch korrekte Rekonstruktion, bei der außer Graf Erwein sämtliche Anwesenden[24] hätten stehen müssen, dem konstruktiven Ablauf der Diskussion wohl nur begrenzt förderlich gewesen.)

Aber keineswegs nur die Rangkoordinaten waren von Anfang an günstig; so hilfreich das für die Authentizität der Veranstaltung ist – solche Talkshows haben wir schließlich schon genug gesehen und nur mäßig Spaß oder Belehrung dran gehabt, in denen etwa eine in Ostfriesland als Erna Eilts geborene Dame unter dem Namen »Erina Prinzessin von Sachsen« interviewt wurde, obwohl sie nach kurzer Prinzenehe längst durch Wiederverheiratung »Frau Spinat« hätte heißen müssen[25] –, so wenig kann es alleine schon den Abend retten (erinnert sich außer dem Autor noch jemand an den Drei-nach-Neun-Auftritt des Herzogs von Orléans, dem dann ein gar nicht mal besonders radikalsozialisti-

---

24 Präziser: *vermutlich* sämtliche Anwesende, da wir auch nachträglich nicht genau wissen, wer jene ebenfalls adelige Dame war, die sich auf Anfrage mutig meldete und eingestand, auch sie habe wie Graf H.-B. schon einmal bei »Adel auf dem Radel« teilgenommen (eine adelsinterne Ausflugsveranstaltung für die reifende Jugend. Hypothesen, wonach dahinter massive Heiratsstiftungsabsichten stehen sollen, wurden bisher nicht dementiert), könne sich aber nicht an ihn erinnern. Warum unser Gast sich später immer etwas nervös in die jeweils entgegengesetzte Ecke des Lokals verzog, bleibt eines der vielen weiterverfolgenswerten Rätsel des gelungenen Abends.

25 Genealogisches Handbuch des Adels, Fürstliche Häuser, Bd. XIV, Limburg a. d. Lahn 1991, S. 586. Von der Konsultation in der Staatsbibliothek am Potsdamer Platz wird abgeraten, da dort ein gieriger Adelsfan (*nicht* der Autor dieses Textes!) sämtliche nach ca. 1985 erschienen Bände der Gesamtreihe gestohlen hat – angesichts von Zahl und Volumen dieser Bände zwar keine unbeachtliche Leistung, aber vor allem doch wohl ein Plädoyer für das eher an mittlere Kühlschränke erinnernde Format englischer Adelskalender. Die Staatsbibliothek unter den Linden besitzt noch ein hinter Glas eingesperrtes Lesesaalexemplar: Zeichen geringeren Adelsinteresses in Berlin Mitte?

sches Intelligenzblatt »die intellektuelle Strahlkraft einer langsam ver-
löschenden Glühbirne« attestierte?[26]). Erst die Weltgewandtheit und
geistige Offenheit unseres Gastes, mit der er etwa von den Umständen
erzählte, die auf der Internatsschule zum Namenswechsel von Erwein zu
Tom und in Bohème-Berlin zur Annahme des leicht gekürzten Nachna-
mens Henze geführt hatten, mit der er auch gelegentliche fachidiotische
Hinweise auf seine berühmteren Vorfahren stoisch hinnahm[27] oder zart
andeutend ausmalte, wie unkonventionell es sich bei den seltenen Fa-
milienbesuchen in Bad Bockstein im teilweise sogar renovierten Alten
Marstall lebt (nur Tante Florestine in der Alten Remise hat es mit der
Heizung nicht so gut getroffen), ermöglichten eine wirklich interessante
Unterhaltung, die hier nachzuerzählen mich nur Platz-, Zeit-, Bezah-
lungs-, Dreistigkeits- und Gedächtnismangel hindern.

---

26 Immerhin etwas, das frühere französische Monarchen sich von früheren
Herzogen von Orléans nur zu sehr gewünscht hätten. Stattdessen glänzte
Herzog Philipp (1640–1701) durch seinen persönlich beispielhaften Einsatz
für Schwulenrechte bei Hofe, bevor Herzog Philipp »Égalité« (1747–1793)
sich gemäß dem alten Familienmotto »König anstelle des Königs werden!«
leidenschaftlich für die Revolution einsetzte (und dann tatsächlich auch selbst
erst einige Monate nach Ludwig XVI. guillotiniert wurde). Der heutige Chef
des Hauses, zugleich nach Ansicht von etwa sieben der verbliebenen zwölf
französischen Monarchisten König Heinrich VII. von Frankreich (also der
Mann, mit dem Graf Hohenau jagen, zu Abend essen und ggf. seine Frau
auf einen Hocker setzen dürfte), kandidiert in regelmäßigen Abständen fürs
Europaparlament und hat eine Polit-Website, auf der er als Lösung für die großen Probleme Europas die Rückkehr zu Ackerbau und Viehzucht empfiehlt.
27 Wer mehr wissen will, sei auf folgende Standarduntersuchungen verwie-
sen: Alois Kronohr de Windhaar, »Subtiler Minnesang und zarte Empfind-
samkeit: Graf Wirich ›mit dem Eisernen Hammer‹ von Butzbach (1163–
1227)«, *Bad Bocksteiner Bote*, 18. April 1949, S. 3; Odo Vain-Harker, Lord
Vanish, »The Mighty House of Putzbach« (sic), Cheltenham 1911, v. a. S. 187
ff.; Sir Vane Orkhold Vainhoard, «Théodolinde de Hohenau – Le mystère
d'une femme légendaire«, Paris 1887 (spätere Auflagen aus Copyright-Grün-
den unter dem Titel »La légende d'une femme mystérieuse«); Dr. Arnold Ho-
sea Vivian Hork, »Pferdefutterrechnungen aus dem Hessen-Darmstädtischen
Landeshauptgesamtstaatsarchiv III: Hohenau-Spurkenburg«, Wiesbaden
(im Selbstverlag) 1966; Leonhard (Adrian) Horowski u. Anna Gram (Hg.),
Analecta Anonymorum (im Druck).

Immerhin *zwei* tiefempfundene Empfehlungen seien den geneigten Lesern aber doch noch mit auf den Weg gegeben: Bitte nie ein Adels-»von« oder -»zu« am Namen kleben lassen, wenn nicht gerade ein Titel oder ein Vorname davor steht; wer wirklich freiwillig Sätze wie »Der Film von von Donnersmarck wurde von von Beust gelobt und von von Goethe vergöttert, aber von von Klaeden kritisiert und von von Schiller gescholten« hören möchte, kann ja immer noch nach drüben gehen (= Amerika, wo »Von« nach wie vor als beliebter deutscher Zweitvorname gilt). Und: Bitte nicht verzweifeln, wenn Sie diesen berauschenden Adelsabend verpasst haben, denn ganz abgesehen davon, dass Graf H.-B. nach wie vor in dieser Stadt lebt und Ihnen schon morgen im Supermarkt begegnen könnte, hindert Sie ja seit der Abschaffung des Adels als Stand (1919) wahrlich nichts mehr daran, sich für den Hausgebrauch einen ähnlich netten Grafen einfach zu erfinden – es ist leichter, als man denkt.

Herrliche Anekdoten aus der schillernden Welt des Adels, beobachtet und aufgeschrieben vom STCB

Trifft Graf Sayn-Wittgenstein-Sayn auf der Flughafentoilette auf Graf Waldbott von Bassenheim und Goll. Sagt der zu Sayn-Wittgenstein-Sayn: »Welch kuriose Begebenheit!«

Erzählt die Gräfin Solms-Rödelheim und Assenheim bei einem Diner zu Schloss Pappenheim dem Grafen Wurmbrand-Stuppach eine heitere Posse. Er so: »Gräfin, Gräfin! Was Sie da wieder erzählen!« Beide lachten dann herzlich!

Fürst Schmettan-Bretan bemerkte einmal beim nachmittäglichen Einkauf das Fehlen der Geldbörse in seiner Tasche. Darauf sagte er zur Kassiererin: »Oh, so ein Ungemach heute wieder!« Dann ging er und holte die Börse.

Als Fürst Hohenlohe-Waldenburg-Schillingsfürst zum ersten Mal der Fürstin Orsini und Rosenberg ansichtig wurde, machte er einen Satz nach hinten und rollte mit den Augen, dass es nur so eine Art war!

Die Gräfin Hintzen von Hintzenstern erwachte eines schönen Morgens aus einem verwirrenden Traum. Zum großen Erstaunen ihres Mannes sprang sie hernach auf und rief: »Heureka! Zum Glück war alles nur ein Traum!« Dann schlief sie nochmal ein.

Niemals hatte der Fürst Waldburg-Wolfegg und Waldsee bei seinen täglichen Waldspaziergängen bedacht, dass Wölfe, Burgen, Eier und Seen nicht viel, wohl aber ein paar Dinge gemeinsam haben. Als er dies nun erstmalig erfasste, konnte er sich ein Schmunzeln nicht verkneifen!

Wie das ergraute Fürstenpaar Traunstein und Ehrenfels eines Tages so auf ihre im Schlossgarten tollende Nachkommenschar blickte, wurden sie sich plötzlich gewahr, dass die Erde um einen sehr kleinen Stern in einer nicht besonders bedeutenden Galaxie kreist, während im restlichen Universum braune und weiße Zwerge entstehen und vergehen, schwarze Löcher sich ausdehnen und die Materie den Kampf gegen die Antimaterie verliert. Bestürzt blickten sie zu Boden.

Den ganzen Tag hatte die Baroness Heistermann von Ziehlberg Lüpke den Satz geübt: »Guten Tag. Ich hätte gern zehn Marken zu ein Euro vierundvierzig.« Aber als sie dann tatsächlich vor dem gestrengen Schalterbeamten stand, war alles wie ausgelöscht, und sie kaufte wie immer nur die 55-Cent-Marken.

Adelstitel, bei denen Sie stutzig werden sollten:

- Van Halen
- Enie van de Maiklockjes
- Persil von Henkel
- Omo von Procter & Gamble
- Essen von Aldi
- Belege und Fahrten von Touren und Taxis
- Rasierer von Braun
- Peter von der Schule Geflogen
- Intercity von und nach Nürnberg aus Gleis fünf
- Päckchen von Drüben

- Kommt von Herzen
- Graf Zahl
- König Fußball
- Kaiser's
- Eau de Toilette
- King of Queens
- Brücke von Arnheim
- Lord of Darkness
- Katharina Blum von Böll
- Aufgeschwemmt von Cortison
- Schwanger von Rudi
- Gemüse an Porreeschaum
- Markise von Hübner
- Markise in Orange
- Freier vom Bahnhof Zoo
- Nehmen von Drogen
- Schwerter zu Pflugscharen
- Gisela von hinten
- Schlucken von Sperma
- Mädchen von Welt
- Graf Berghe von Trips
- Graf Koks von der Gasanstalt
- Blixa von den Neubauten
- Abfall von den Niederlanden
- Mengen von Stroganoff
- Schnittchen von Mama

Zu diesem Kapitel empfehlen wir folgende Musikstücke:

Manu Chao – King of the Bongo
Stéphanie de Monaco – Irresistible
Foyer des Arts – Eine Königin mit Rädern unten dran
Jens Friebe – Frau Baron
Prince – My Name is Prince
Queen – Bohemian Rhapsody
Sex Pistols – God Save the Queen
The Kinks – You Really Got Me

WELTALL & SPACE!

Was sich das Supatopcheckerbunny zum Thema
»Weltall & Space« überlegt hat:

Heute saß ich in der Straßenbahn und dachte nach über das Weltall als Ganzes. Die anderen Fahrgäste um mich herum ahnten nichts davon. Während ich über das Weltall nachdachte, dachten sie an ihre kleinen banalen Alltagssorgen. Dagegen will ich auch gar nichts sagen, nicht jeder möchte in der Straßenbahn immerzu über das Weltall reflektieren und dabei die banalen Alltagssorgen in einem übergeordneten Zusammenhang betrachten, der diese Sorgen plötzlich ganz banal erscheinen lässt! Auch wird die an sich unspektakuläre Sensation des Straßenbahnfahrens in ihrer Alltäglichkeit durch das Nachdenken über das Weltall aufs eigenartigste durchbrochen und in Frage gestellt. Während die Straßenbahn einem weiter suggeriert, mit 30 km/h durch die Stadt zu trotteln, sitzt man als weltallbewusster Mensch mit weit aufgerissenen Augen da und weiß, dass die Erde unter der Tram zur selben Zeit mit deutlich mehr als 100 000 km/h durchs All schießt, und zwar ohne Bremsfunktion und ohne Schaffner! Allein kontrolliert durch so windige Mächte wie die Gravitation!

Das sollte uns ernsthaft beunruhigen, und zwar zu jeder Tages- und Nachtzeit! Schließlich versteht kein Mensch die Gravitation. Sie widersetzt sich bis heute erfolgreich dem Einbau in die Super-GUT (*Grand Unified Theory*). Niemand hat eine Ahnung, in welcher Sprache die Gravitation überhaupt mit der restlichen Materie kommuniziert! Man weiß lediglich, dass die Gravitation die Raumzeit krümmt. Das ist natürlich faszinierend. Aber eben auch unerklärlich und beängstigend. Doch was soll's – so geht es nun einmal zu im Weltall, das ist der allgemeine Weltall-Alltag: Gravitation, Raumzeitkrümmungen, dunkle Materie, braune Zwerge und schwarze Löcher. Für uns ist das irgendwie spacig, aber im Weltall ist das normal!

Okay, das alles klingt vielleicht nicht einladend, aber es hat uns auch niemand eingeladen. Das Universum hat auf uns und unseren Kokolores nicht gewartet, und es ist auf uns auch nicht angewiesen. Das Universum überschüttet uns mit Bedeutungslosigkeit, und es gibt nichts – und es wird auch nie etwas geben –, was wir dagegen unternehmen könnten! Menschen, die es gewohnt sind, sich sehr wichtig zu nehmen, sind deswegen oft beleidigt.

Immer wollen alle wissen: Woher kommen wir, wohin gehen wir? Und auf der Suche nach einer plausiblen Antwort auf diese ausgelutschte Frage richtet der Mensch seine hilflosen Blicke in die unwirtlichen Tiefen des kalten Weltalls. Doch das kalte Weltall schweigt.

Verhaltenskodex bei unverhoffter Begegnung mit Aliens:

- Von fremden Aliens keine Drogen annehmen.
- Bevor man Aliens Kaffee oder Wasser anbietet, sich vergewissern, dass sie keinen Ammoniak-basierten Stoffwechsel haben.
- Wenn sie weniger intelligent sind, sollte man sie das nicht gleich spüren lassen.
- Auch wenn sie nackt ankommen, sollte man ihnen erst mal ins Gesicht sehen.
- Wenn man weiß, wo das Gesicht ist.
- Außerirdische Besucher sollte man nicht gleich an die Behörden verraten.
- Nicht sezieren, bevor sie eines natürlichen Todes gestorben sind. Und auch dann nur mit Einwilligung der Hinterbliebenen.

- Man kann Außerirdische ohne Weiteres mit dem römischen Gruß empfangen, denn für sie hat das gar keine Bedeutung.
- Da die Wahrscheinlichkeit gering ist, dass die Aliens Deutsch sprechen, sollte man auch bei schwachen Englischkenntnissen zumindest versuchen, ein paar Brocken hervorzukramen.
- Wenn sie keine Geschenke dabeihaben, bedeutet das nicht unbedingt, dass sie geizig sind. Sie sind vielleicht nur schlecht erzogen oder arm!
- Wenn sie stinken, kann man einfach so tun, als würden wir uns zur Begrüßung immer die Nase zuhalten.
- Auch wenn sie aussehen wie puschelige Hundewelpen oder wie Horst Köhler – nicht streicheln, es könnte eine Falle sein.
- Die jüngere Zivilisation grüßt zuerst.
- Quäle nie ein Alien zum Scherz, denn es fühlt mit einiger Wahrscheinlichkeit so etwas Ähnliches wie du.

Was sich das Hilfscheckerbunny zum Thema
»Weltall & Space« überlegt hat:

Für Astrophysik interessiere ich, das Hilfscheckerbunny, mich schon seit etlichen Jahren. Verstehen tue ich allerdings noch immer nichts davon. Denn auch wenn ich es sehr gerne wollte, habe ich es einfach nie geschafft, einen Astrophysiker in mich verliebt zu machen, der mir dann alles erklärt: die Sterne im Weltall, die Diamanten, Ringe und Gürtel, die roten Riesen und all diese glitzernden großen und kleinen Planeten, die da draußen im Space leben, so wie wir hier unten auf der Erde.

Aber: Es gibt keinen Astrophysiker in meinem Leben, ich musste auch diesen Text allein schreiben. Als Erstes habe ich mir Bücher besorgt, mit echter fundierter Wissenschaft drin. Wenn es um das Weltall geht, taugt das Internet nämlich nichts. Da findet man zwar Leute, die sich von Außerirdischen entführen lassen und mit ihnen Sex haben, aber niemanden mit wissenschaftlicher Qualifikation wie die Autoren der von mir gekauften Bücher.

Ach, die Bücher! Die hatten alle tolle Namen: »Der Klang des Superstrings – Einführung in die Elementarteilchen«, »Einführung in die Relativitätstheorie« und so! Und als der Mann zum Heizungsablesen kam, habe ich so getan, als würde ich das Superstring-Buch lesen. Das hat eingeschlagen wie eine Bombe! Noch nie war ein Heizungsablesemann so freundlich zu mir! Er hat mir von sich aus sofort erklärt, was er da für Röhrchen an der Heizung auswechselt, ganz so, als würde ich was davon verstehen!

Ich glaube, er hat gehofft, dass ich ihm im Gegenzug ein bisschen was Interessantes über Astrophysik erzähle. Zum Beispiel von den lustigen Planeten, die zwanzig Lichtjahre von uns entfernt sind und zwanzig Jahre in der Zeit zurück! Klar, das hätte ich machen können. Ich hätte berichten können, dass es am anderen Ende der Galaxie Planeten gibt, die noch voll in den Achtzigern hängen. Und auf denen die Gesteinsbrocken lustige Haargelfrisuren tragen und beim Picknick am Methansee Duran Duran hören! Aber das hätte den Heizungsmann sicher überfordert, und er hätte vor lauter Aufregung am Ende noch Fehler gemacht, sodass ich für die Heizung noch mehr hätte bezahlen müssen als eh schon! Und das, wo schon die Bücher mehr als vierzig Euro gekostet haben!

Ich blieb also lieber stumm und las einfach weiter. Dabei habe ich etwas herausgefunden, das mich echt verblüfft hat: Der Bereich »Weltall & Space« spielt weit in den Bereich »Anti-Aging & Partnersuche« hinein! In einem der Bücher stand nämlich sinngemäß: Wer mit einer Rakete mit annähernd Lichtgeschwindigkeit zehn Jahre herumfliegt, sieht hinterher zehn Jahre jünger aus als alle seine Freundinnen. Und wer auf dem vier Lichtjahre entfernten Planeten Proxima Centauri lebt, ist den Menschen auf der Erde vier Jahre voraus!

Ich kann euch nur eins sagen: Damit hat die Astrophysik mein Leben verändert. Spätestens mit vierzig werde ich anfangen, regelmäßig mit so einer Rakete zu fliegen und nur noch Modezeitschriften von Proxima Centauri zu lesen. Und dann, wenn alle anderen langsam alt werden, werde ich jung sein und sehr modern gekleidet! Und alle werden sich in mich verlieben.

Auch die Astrophysiker!

Fakten über das Weltall:

- Wahrscheinlich hat das Weltall die Form einer Handtasche.
- Die Wahrscheinlichkeit, dass die Außerirdischen in friedlicher Absicht zu uns kommen, ist 70:30.
- In nur einem Superstring sind bis zu 27 Dimensionen eingerollt.
- Das Weltall ist unendlich groß. Das entspricht einer Fläche von unendlich vielen Fußballfeldern.
- Entgegen anderslautenden Behauptungen gibt es doch Strahlungen, die den Ereignishorizont eines schwarzen Lochs passieren können.
- Die Relativitätstheorie und die Quantentheorie sind wie zwei Geschwister, die sich überhaupt nicht gut verstehen.
- Die starke Wechselwirkung und die schwache Wechselwirkung ergeben zusammen eine mittlere Wechselwirkung.
- Der kleine Wagen passt etwa 15-mal in den großen Wagen.
- Der Polarstern ist der einzige Stern, den man mit bloßem Auge erkennen kann.
- Zwischen den sichtbaren Sternen befinden sich die unsichtbaren Sterne, nur man kann sie nicht sehen.
- Es ist nicht ausgeschlossen, dass das Universum seine eigene Mutter ist.
- Die Supersymmetrie-Theorie liefert uns eine angenehme Überraschung: In einem dreidimensionalen Raum ist sie äquivalent mit der Gravitationstheorie, die sich aus der in einem vierdimensionalen Raum formulierten Superstring-

theorie vom Typ IIB ergibt. Somit besitzen wir eine Yang-Mills-Eichtheorie in drei Dimensionen, die der Quantentheorie der Gravitation in vier Dimensionen gleichwertig ist.

- Die persönlichen Empfehlungen bei Amazon werden schon heute von Aliens erstellt.
- Auf dunkler Materie sieht man hellen Schmutz viel stärker als auf anderer Materie.
- Es gibt kleine Planeten, große Planeten und Planeten mit Ringen. Die mit den Ringen sind am schönsten.
- Andere Sterne, andere Sitten.
- Auch auf dem Mars gibt es Elend und Obdachlosigkeit. Das sind die unschönen Seiten, die »Pathfinder« damals nicht fotografiert hat.
- Schon die Energie einer einzigen Supernova reicht aus, um den Energiebedarf einer deutschen Kleinstadt über Jahre hinaus zu decken.
- Die Wahrscheinlichkeit, dass es intelligentes Leben im All gibt, ist 10:24. Die Wahrscheinlichkeit, dass es dort dumme, aber niedliche Tiere gibt, ist knapp doppelt so hoch.
- Viele Menschen lassen sich bis zu 4,5 Stunden am Tag völlig unreflektiert von komischer Hintergrundstrahlung berieseln.
- Man sieht nur mit einem richtig großen Radioteleskop gut, das Wesentliche bleibt für kleine Teleskope unsichtbar.
- Wenn man den Mars in einen grünen Planeten verwandeln würde, wäre das auch Umweltzerstörung.
- Wir alle sind Außerirdische – fast überall!
- Vieles, was über das Weltall gesagt und geschrieben wird, ist reine Spekulation.
- Alien am Morgen bringt Weltkrieg und Sorgen.
- Es gibt gar keine komische Hintergrundstrahlung.
- Obwohl das Weltall unendlich groß ist, ist die Anzahl der guten Witze über das Weltall sehr begrenzt.

Zu diesem Kapitel empfehlen wir folgende Musikstücke:

Beastie Boys – Intergalactic
The B-52's – Planet Claire
Paris Hilton – Stars Are Blind

FASZINATION GLAUBE!

Was sich das Supatopcheckerbunny zum Thema »Faszination Glaube« überlegt hat:

Glaube ist als Thema leider ein bisschen uneindeutig. Alles, was man nicht weiß, kann man ja nur glauben. Das ist bei den meisten Menschen ziemlich viel, mit Tendenz zu alles. Andererseits bedeutet das Wort »Glaube« auch so viel wie »Religion«! In der Religion wiederum geht es um Kirche und Gott, bei anderen Völkern aber auch um Räucherstäbchen oder Kopftücher. Religionen sind sehr unterschiedlich! Die einen glauben so, die anderen so. Das ist ganz normal. Manche behaupten: Während wir Christen schon bei der Evolution angekommen sind, sind die Muslime erst noch bei der Fotosynthese. Aber das sind nur SCHLIMME VORURTEILE! Glaube ist schließlich kein Wettbewerb, und es geht dabei auch nicht um Fortschritt, sondern um Himmel!

Aber was ist Himmel? Die Beantwortung dieser einfältigen Frage ist vor allem dann schwierig, wenn man mal probiert, das Konzept »Himmel« abgelöst vom Antipoden »Hölle« zu betrachten. Hölle kann man sich leicht ausmalen. Ganz leicht! Alles Mögliche ist Hölle: große Hitze, große Kälte und, wenn man mal ehrlich ist, eigentlich jede Situation, wenn sie nur lang genug dauert. Immer droht entweder Schmerz, Übersättigung oder Langeweile. Darum ist es auch so unangenehm, über Ewigkeit (∞) nachzudenken. Kaum hat man mal die Ewigkeit vom Bauchgefühl her richtig begriffen, erkennt man: Das ist ja die Hölle! Wie also soll denn unter diesen Bedingungen, bitteschön,

Paradies funktionieren? Das ist doch die Quadratur des Kreises, und die gibt es gar nicht, weil ein Kreis kein Quadrat sein kann, denn in dem Augenblick, in dem man den Kreis zum Quadrat verbiegt, ist er ja KEIN KREIS mehr, sondern EIN QUADRAT! Schon im Laufe einer normalen Lebenszeit kann jemand wie Samuel Beckett ausreichend metaphysische Obdachlosigkeit und Repetition ausmachen, um damit mehrere beklemmende, aber erfolgreiche Dramen zu füllen. Wie Beckett da wohl mit der Ewigkeit zurechtkommt?

Nun, vielleicht gibt es gar keine Ewigkeit, kann ja auch sein! Oder nur in der Hölle gibt es Ewigkeit, und im Himmel ist die Ewigkeit irgendwie ZERMORPHT! Nur weil man sich das jetzt nicht plastisch vorstellen kann, heißt das ja nicht, dass es nicht sein kann! Wir müssen endlich runterkommen von unserem VORSTELLUNGSVERMÖ-GENSCHAUVINISMUS, sonst finden wir nämlich NIE einen Zugang zum Himmel, glaube ich.

Was sich das Hilfscheckerbunny zum Thema
»Faszination Glaube« überlegt hat:

Dieses Thema hätte mir, eurem Hilfscheckerbunny, fast das Genick gebrochen. Denn ich dachte natürlich, dass ich mich passend zum Thema auch einfach mal auf Gott verlassen könnte. Ich wusste zwar nicht, ob Gott genauso super schreiben kann wie ich und ob er wirklich Lust darauf hat, eine Internetrecherche für mich durchzuführen, aber ich habe es einfach darauf ankommen lassen!

Leider, kann ich nur sagen. Denn als ich nach ein paar Tagen voller Hoffnung meinen Rechner angeschaltet habe, wurde ich schwer enttäuscht. Gott hatte offensichtlich keine Zeit für meinen Text gefunden, und das obwohl ich sogar freiwillig letztes Jahr Weihnachten UND Ostern in der Messe gewesen war. Schwer enttäuscht habe ich dann bei Google »Gott« und »Hilfe« eingegeben. Und habe dann in einem Bibelzitat, das ein Pfarrer aus Bruchsal auf seiner privaten Homepage verwendet, und in einem Esoterikforum ein paar Hinweise gefunden. Auf der Seite des Pfarrers stand: »Auch die Soldaten verspotteten ihn. Sie traten vor ihn hin, reichten ihm Essig und sagten: Wenn du der König der Juden bist, dann hilf dir selbst.«[28] Und auf der Esoterikseite schrieb jemand: »Hallo, Licht und Liebe, hilf dir selbst, dann hilft dir Gott. Selbsthypnose ist ein Weg dazu.«

Obwohl ich nicht der König der Juden bin, sondern das Hilfscheckerbunny, und von Selbsthypnose auch keine Ahnung habe, glaube ich, dass das Internet mir damit etwas mitteilen wollte. Es wollte mir sagen: »Hilf dir selbst, Hilfscheckerbunny!« Und das habe ich mir dann auch immer wieder beherzt vorgesagt, während ich die Tastatur meines Rechners abgetastet habe wie einen Rosenkranz. Doch etwa nach der zweihundertsten Wiederholung meines neuen Hilfscheckerbunny-Mantras verließ mich endgültig der Mut. Ich wollte nichts mehr

---

28 Evangelium nach Lukas, 23,36 f.

darüber lesen, warum Kabbalisten rote Bändchen ums Handgelenk tragen, warum Zeugen Jehovas auch kluge Kinder auf die Hauptschule schicken und warum Mormonen noch nicht mal an Silvester Alkohol trinken.

Denn ehrlich gesagt geht mich das alles gar nichts an! Ich bin das Hilfscheckerbunny, und ich glaube ALLES, was das Supatopcheckerbunny sagt. Brenzlig wird es für mich nur in dem speziellen, sehr unwahrscheinlichen Fall, dass das Supatopcheckerbunny Satanistin werden will und anfängt so zu sein wie »Fleur«, »Rex« oder »HSV Fan«, die Satanistinnen, die ich auf der Seite www.fotocommunity.de/Satanstöchter[29] gefunden habe. Die sind nämlich langweilig und schreiben ständig Sachen wie »Ähm. Kicher«, »Alter, sind wir 'ne kranke Szene«, »Ich schlachte jetzt ein Huhn« und »Hilfe, mein schwarzer Nagellack ist alle«.

Ich weiß, dass es schlimm ist und vermutlich auch eine Sünde, aber wenn das Supatopcheckerbunny anfangen würde, solche Sachen zu sagen, dann würde ich nicht mehr an es glauben! Stattdessen würde ich dann nur noch an mich, das Hilfscheckerbunny, glauben. Und ich hoffe, ihr dann auch!

*Was sich unser Glaubensexperte Dr. Christian Ankowitsch
zum Thema überlegt hat:*

Kleiner Gedanke über die Ratlosigkeit

Besonders schön ist die Ratlosigkeit, wenn wir Antworten bekommen, bevor wir die dazugehörige Frage kennen. Eine Quelle für solche speziellen Fälle ist die Bibel in ihrer Onlineversion (www.bibel-online.net), die ich gelegentlich konsultiere. Dort stoßen wir beispielsweise auf den Rat: »Frage doch das Vieh, das wird dich's lehren, und die Vögel unter

---

29 Internetadresse, die merkwürdigerweise wenige Tage nach Niederschreiben dieses Textes weg war.

dem Himmel, die werden dir's sagen, oder die Sträucher der Erde, die werden dich's lehren, und die Fische im Meer werden dir's erzählen. Wer erkennte nicht an dem allen, dass des HERRN Hand das gemacht hat, dass in seiner Hand ist die Seele von allem, was lebt, und der Lebensodem aller Menschen?« (Hiob, 12,7 ff.)

Man muss nicht religiös sein, um in diesem Zitat eine schlüssige Antwort auf die Frage zu finden, was tun nach dem desaströsen Umweltbericht der UNO vom Februar des Jahres 2007. Wir sollten bei allem, was wir tun, zumindest gelegentlich jemanden anderen fragen, was gut und schlecht ist, als den Herrn vom TÜV, der uns die Abgasplakette aufs Auto klebt.

Bekenntnisse aus dem Umfeld der Bunnies:

- Ich habe meine Jeans seit einem Jahr nicht mehr gewaschen.
- Statt zu arbeiten, habe ich den ganzen Tag Internet geguckt.
- Ich halte mich für besser aussehend als alle anderen.
- Ich habe die Klorolle aufgebraucht und keine neue nachgelegt.
- Ich habe Gecko-Seepferdchen-Schnaps getrunken.
- Ich war zornig und trotzig.
- Ich bin mit dem Auto zum Fitnessstudio um die Ecke gefahren.
- Ich hasse meine fette Schwiegertochter.
- Ich putze zu Hause nie und räume auch nie auf, schreie aber meinen Freund an, wenn er es nicht tut.
- Ich war bei der Reformbühne »Heim & Welt« zu Gast.
- Ich lache manchmal über Schreckensmeldungen in den Nachrichten.
- Ich habe meinen Mann mehrfach überfahren, die Versicherungssumme kassiert und das ganze Geld dann bei Nanu-Nana verballert.

- Letzte Nacht habe ich ein Taxi nach Hause genommen, und anstatt zu bezahlen, bin ich weggerannt.
- Ich habe abends Aronal und morgens Elmex benutzt.
- Ich habe meine Katzen so stark gedrückt, dass ein lustiges Geräusch aus ihrem Mund rauskam.
- Ich habe den Blinker links gesetzt und bin dann rechts abgebogen. Vielleicht auch andersrum.
- Ich habe A3-Kopien gemacht, wo A4 gereicht hätten.
- Ich habe die Frisbeescheibe extra so geworfen, dass der andere sie nicht fangen konnte.
- Manchmal verspreche ich, anderen Leuten bei einer Arbeit zu helfen, damit sie mich mögen, weiß aber heimlich schon, dass ich zu dem Termin gar nicht da bin.
- Ich habe ein laufendes Metronom an der Blindenampel festgebunden, sodass auch die rote Ampel TACK TACK TACK macht.
- Ich habe beim Scrabble unanständige Wörter gelegt.
- Ich habe einen Aufzug nach dem Verlassen auf »NOTHALT« geschaltet.
- Ich habe Judith Hermanns »Sommerhaus, später« weggeworfen.
- Manchmal werfe ich das Altpapier mit der Plastiktüte in die Tonne.
- Ich esse gerne Sachen, die ein hübsches Gesicht haben.
- Manchmal täusche ich nur vor, dass mir das Essen schmeckt.
- Manchmal bin ich zu faul, meine Hausaufgaben zu machen, und benutze meine Depression als Ausrede.
- Bei »Herr der Ringe« war ich für die Orks.
- Ich habe bei der Arbeit unter den Augen dicker Kollegen 47 Schokoküsse gegessen.
- Ich bin versessen auf Flugmeilensammeln. Ich kaufe alles, wofür ich Meilen bekomme. Ich will immer mehr, aber ich fliege nie irgendwohin. Ich will nur die Meilen.

- Manchmal erzähle ich, meine kleine Schwester sei behindert, nur um mich interessant zu machen.
- Ich hasse Leute mit perfekten weißen Zähnen. Ich würde ihnen nachts gern heimlich Cola in den Mund gießen, damit die Zähne faulen.
- Ich habe bei H & M so lange an einem Kleid gezurrt, bis es einen Faden zog, damit ich Rabatt bekommen konnte. Jetzt ziehe ich das Kleid nie an wegen dem Faden.
- Ich gehe mit meinem Hund nicht regelmäßig Gassi. Er ist groß, dumm und asozial.

Zu diesem Thema empfehlen wir folgende Musikstücke:

Duran Duran – Save a Prayer
Heaven 17 – Temptation
Madonna – Like a Virgin
Stevie Wonder – Superstition
Dr. Alban – Sing Hallelujah

BACHMANNPREIS – NA UND!

*Was sich das Supatopcheckerbunny zum Thema
»Bachmannpreis – na und!« überlegt hat:*

In der österreichischen Metropole Klagenfurt finden schon seit 1977 jedes Jahr die TAGE DER DEUTSCHSPRACHIGEN LITERATUR statt – wie zum Beweis, dass auch die Österreicher eine Art Deutsch sprechen. Die Show wird in voller Länge im Fernsehsender 3sat übertragen und gipfelt bekanntermaßen in der Verleihung des Ingeborg-Bachmann-Preises durch eine Art Jury. Darum nennt man die Tage der deutschsprachigen Literatur auch kurz BACHMANNPREIS!

Viele Menschen erkennen leider die Relevanz dieser Veranstaltung nicht, denken nur: »Na und? Was hat das alles, bitteschön, mit mir und meinem persönlichen Lifestyle zu tun?«, und gucken sich das gar nicht erst an, obwohl sie die Chance dazu hätten!

Ich habe für diese ignorante Haltung natürlich Verständnis. Gleichzeitig möchte ich aber auch dazu anregen, sich einmal zu öffnen für den Zauber des Ingeborg-Bachmann-Preises und der Tage der deutschsprachigen Literatur: Der Ingeborg-Bachmann-Preis ist immerhin der behäbigere Vorläufer von »Deutschland sucht den Superstar«. Der Ingeborg-Bachmann-Preis ist »Deutschland sucht den Superstar« für junge Literaten! Wobei »jung« bei Literaten älter ist als bei Leuten, die singen und tanzen. Benannt ist der Preis nach Ingeborg Bachmann!

Das Prozedere geht so: Autoren schicken heitere Texte an Mitglieder der Bachmannpreis-Jury. Jeder Juror sucht dann zwei Autoren aus, die er gerne vorstellen möchte bei den Tagen der deutschsprachigen Literatur. Die Ausgewählten reisen dann nach Klagenfurt zu den Tagen der deutschsprachigen Literatur und lesen dort ihren Text der Jury, dem Saalpublikum und jenen Fernsehzuschauern vor, die offen sind für den Zauber des Bachmannpreises und der Tage der deutschsprachigen Literatur. Wenn ein Autor fertig ist mit dem Lesen, sagt jeder in der Jury seine persönliche Meinung, die er sich überlegt hat zu dem Text. Das dauert drei Tage und wird wie gesagt im Fernsehen gezeigt – im Gegensatz zu DSDS aber ungeschnitten, unzensiert und auch live!

Am vierten Tag wählt die Jury dann einen Hauptgewinner, der den Ingeborg-Bachmann-Preis bekommt, und noch drei weitere Spezialgewinner für Preise mit anderen Namen aus. Ein erbauliches Spektakel, bei dem Mitglieder der Jury nicht so vorhersehbare Sachen sagen wie: »Die Perücke von Costa Cordalis singt besser als du, du hässliche Pissflitsche.« Sondern so erbauliche Dinge wie: »Das ist onomatopoetisches Wortgeklingel«, »Hier wird Literatur nur imitiert« oder »Der Erkenntnisgegenstand des Textes liegt auf dem Niveau eines Wussow-Interviews«. Manchmal gibt es auch Streit untereinander. Einmal ist auch Blut geflossen bei den Tagen der deutschsprachigen Literatur in Klagenfurt. Na und!

Was sich das Hilfscheckerbunny zum Thema
»Bachmannpreis – na und!« überlegt hat:

Bis vor ein paar Jahren wusste ich, das Hilfscheckerbunny, noch gar nicht, was ein »Bachmannpreis« ist, und Klagenfurt kannte ich auch nur von Urlaubsreisen in den Süden. Auf diesen Fahrten war mir als Kind auf der Höhe von Klagenfurt oft sehr übel, wegen der Berge und den kurvigen Straßen, die man vorher bezwingen musste. Deshalb ist mein Vater bei Klagenfurt oft rechts rangefahren, und ich habe gespuckt, einmal sogar direkt gegen das Straßenschild mit der Aufschrift »Klagenfurt: 10 km«.

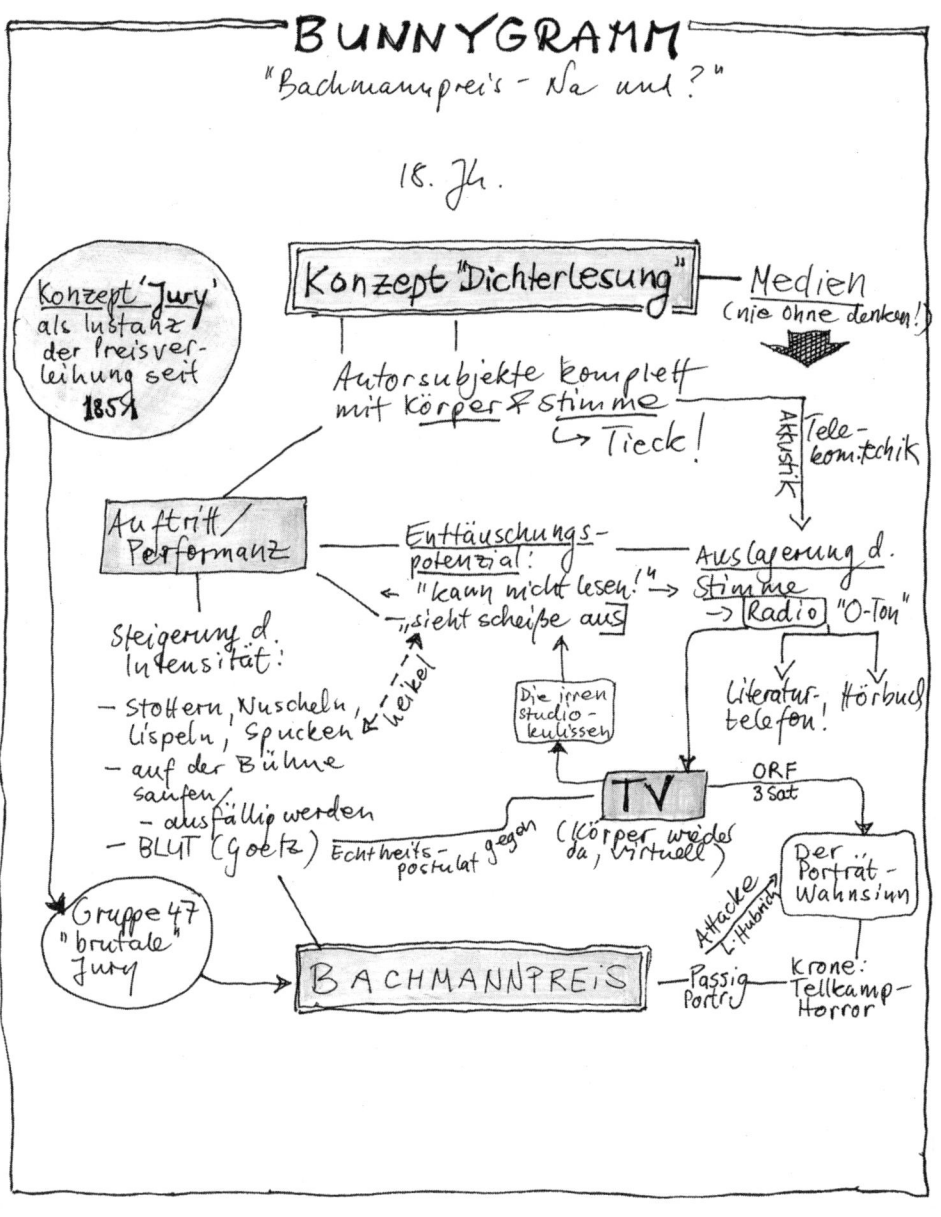

Damals war ich mir sicher, dass Klagenfurt seinen Namen von den klagenden Eltern reisekranker Kinder bekommen hat. Aber heute weiß ich, dass das Quatsch ist. Klagenfurt ist natürlich nicht nach diesen Klagen benannt, sondern nach ganz anderen. Nach den Klagen der vielen Jungliteraten nämlich, die dort jedes Jahr im Sommer hinfahren, lesen, sich von Juroren beschimpfen lassen und anschließend KEINE Geldpreise einfahren. Das jedenfalls haben mir Leute erzählt, die es wissen müssen, weil sie dort teilgenommen oder gewonnen haben.

Vor einem Jahr, als in Klagenfurt wieder mal diese so genannten Tage der deutschsprachigen Literatur abgehalten wurden, gab es in Berlin andere namenlose Tage, an denen ich, das Hilfscheckerbunny, teilgenommen habe. Ich weiß, das klingt ziemlich aufregend. Ich kann mir förmlich vorstellen, wie einige von euch jetzt denken: »Wow! Da waren diese Tage in Berlin, und das Hilfscheckerbunny war dabei!« Während andere eher beleidigt sein werden oder traurig, weil sie nicht dabei waren.

Ach, keiner von euch hat auch nur ansatzweise eine Ahnung davon, wie es bei diesen Tagen in Berlin wirklich war. Keiner von euch kann sich vorstellen, was ich, euer fleißiges Hilfscheckerbunny, dabei durchmachen musste: Dinge nämlich, die schlimmer sind als besessene Juroren, mit Rasierklingen durchtrennte Stirnen oder österreichisches Essen! Denn – und ich mache jetzt hier eine große bedeutungsschwere Pause – mir ist in diesen Tagen etwas passiert, was sich in einem schmucklosen Satz zusammenfassen lässt, der so unrealistisch und bizarr klingt, dass ich vermutlich alleine damit in Klagenfurt 22 500 Euro gewinnen würde:

»Auf mein iBook ist eine Melone gefallen.«

Ja, ihr habt richtig gelesen. Während dieser Tage ist eine große Melone auf mein iBook gefallen. Und danach war es kaputt, also nicht das ganze iBook, aber dafür die Festplatte. Plötzlich hatte ich keinen Computer mehr, kein Internet und vor allem auch keine Lebensfreude! Ich kann euch sagen: Das Klagen war groß, und ich hatte nicht mal mehr die Kraft, mir den Bachmannpreis im Fernsehen anzugucken, obwohl das Supatopcheckerbunny mir das aufgetragen hatte. Als es mich später fragte, wie die Lesung von Kathrin Passig war, habe ich gelogen und gesagt: »Ach, ganz okay, aber wenn ich ehrlich bin, habe ich mir zwischendrin einen Gurkensalat gemacht.«

Ihr merkt es schon. Diese Bachmannpreistage können schlimmer sein als am Straßenrand stehen und kotzen.

Wenn sich Hilfscheckerbunny und Supatopcheckerbunny über Literatur unterhalten:

STCB: Ich lese zur Zeit ein Buch! »Das Schloss«! Find ich total kafkaesk!

HCB: Witzig – fand ich auch! Eichendorff hingegen: sehr romantisch!

STCB: Auch faszinierend: »Ulysses«! Unglaublich, was der Joyce sich so alles ausdenken konnte!

HCB: Voll der Kopffilm!

STCB: Ey und Burroughs, was der sich beim Schreiben alles eingepfiffen hat, möchte ich echt nicht wissen!

HCB: Den verwechsel ich immer mit Borges, der seine Frau erschossen hat!

STCB: So wie Hemingway?

HCB: Ja, und das alles, obwohl er blind war!

STCB: Und hat er nicht hinterher die Tochter von Tomas Man geheiratet?

HCB: Tomas Man? Der hatte eine Tochter? Der war doch schwul!

STCB: Deshalb hat er sie ja auch Golo genannt!

HCB: Nun ja, Camus lesen ist voll die Sisyphusarbeit!

STCB: Ja, echt die Pest!

HCB: Die Sachen von Ernst Jandl find ich jedenfalls ganz lustig!

STCB: Könnte mein zehnjähriger Neffe aber auch schreiben!

HCB: Gertrude Stein find ich gut!

STCB: Find ich gut!

HCB: Find ich gut!

STCB: Ziemlich unfair: Den ganzen Ruhm für »Mein Kampf« hat ja Hitler eingeheimst, aber geschrieben hat das Heß!

HCB: Hermann Hess?

STCB: Ja, der wo auch den »Wüstenfuchs« geschrieben hat!

HCB: War das nicht Johannes Mario Rommel?

STCB: Nein! »Mit den Ansichten eines Clowns kamen die Tränen« ist von dem!

HCB: Ich steh ja nicht so auf Frauenliteratur!

STCB: »Das Superweib« ist ja gar nicht mal das Beste von Hera Lind, finde ich!

HCB: Wie gut Bukowski wohl geschrieben hätte, wenn er nicht ständig gesoffen hätte!

STCB: Auch unterschätzt: Goethe!

HCB: Genie und Wahnsinn liegen ja oft ganz dicht beieinander!

STCB: Es ist so ein schmaler Grat zwischen dumm und clever!

HCB: Ja, wie bei Böll!

STCB: Und Henry Miller – immer nach außen so der Saubermann!

HCB: Jules Verne hat zum Teil echt viel vorweggenommen in seinen Büchern!

STCB: Science-Fiction, um nur eins zu nennen! Sartre hingegen: immer so ekelhaft negativ!

HCB: Das finde ich auch schade! Aber man muss ja nicht ständig Bücher lesen! Man kann ja auch mal Platten hören!

STCB: Etwa von Nick Cave! Und der hat ja auch ein Buch über Jesus geschrieben!

HCB: Die Bibel?

STCB: Ach, Hilfscheckerbunny!

SEXUALKUNDE – WERTE & NORMEN!

Was sich das Supatopcheckerbunny zum Thema
»Sexualkunde – Werte & Normen« überlegt hat:

S exualität ist ein ganz interessantes Thema, das zu Unrecht tabuisiert wird in unserer Gesellschaft. Deshalb ist es besonders wichtig und mutig, dass wir uns da endlich mal rantrauen an dieses heiße Eisen, mitten in einem öffentlichen Buch!

Über die menschliche Sexualität ist ja praktisch gar nichts bekannt. Bei einer repräsentativen Umfrage kam heraus, dass ein Großteil der Deutschen hinter dem Begriff »Sexualität« zunächst einen Song der Gruppe »Madonna« vermutet. Schon bei der ersten Frage nach Text und Melodie mussten die meisten aber bereits passen! Das ist ein ECHTES ARMUTSZEUGNIS! Das fängt schon damit an, dass Sexualität gar kein Song von Madonna ist, sondern ein Fortpflanzungsmodus. Und zwar, auch wenn es manchen Leuten unangenehm ist, ein GESCHLECHTLICHER Fortpflanzungsmodus. Das bedeutet, im Gegensatz zu ungeschlechtlichen Fortpflanzungsmodi wie der Zellteilung braucht man dafür ein Gegenüber, einen Partner! An dieser Stelle wird es manchem schon zu kompliziert. Schließlich hat man oft mit sich selbst schon genug Probleme und ist in all den Jahren der Einsamkeit auch nicht sozialkompatibler geworden, sondern extrem verkauzt! Manchmal begegnet man sich nachts schon selbst auf den langen Fluren seiner Wohnung. Für Sexualität mit einem Gegenüber bleibt da kein Raum. Andererseits: Zurück zur Zellteilung will auch keiner.

Auch die Anschaffung einer Katze, so schnurrig und nett Katzen meinetwegen auch sein mögen, ist keine Lösung. Die geschlechtliche Fortpflanzung macht eigentlich nur innerhalb der eigenen Spezies überhaupt Sinn. Zwar können Pferde und Esel miteinander durchaus Nachkommen zeugen – nämlich Maulesel oder Maultiere, je nachdem, ob der Vater der Esel oder das Pferd ist, also Pferdehengste zeugen mit Eselinnen Maulesel, und Eselhengste zeugen mit Pferdestuten Maultiere (viele Menschen beherrschen diese einfache Unterscheidung zwischen Maultieren und Mauleseln nicht, und das ist auch mal wieder typisch Mensch) –, aber Siderodromophilie[30] oder Formicophilie[31] sind auf jeden Fall PERVERSER QUATSCH! Wer solche Regungen bei sich feststellt, sollte sie umgehend unterdrücken und verdrängen. Das führt dann zwar zu allerlei Zwangsneurosen, die man aber nicht überbewerten sollte, nur weil Freud sich das so überlegt hat.

Lieber öfter mal Hände waschen oder ein bisschen Flugangst als Sex mit Ameisen, da sind sich ausnahmsweise alle einig, von den Grünen bis zur CDU/CSU.

---

30 Sexuelle Erregung durch vorbeifahrende Züge.
31 Sex mit Ameisen.

Was sich das Hilfscheckerbunny zum Thema
»Sexualkunde – Werte & Normen« überlegt hat:

Manchmal wünschte ich mir, ich wäre nicht das Hilfscheckerbunny und auch nicht irgendein ein anderes Bunny. Denn Bunnies gehören – wie ihr sicher wisst – zur Rasse der Hasenartigen. Und Hasenartige und Sexualität, so finde ich, ist ein ziemlich schwieriges Thema!

Zum einen wird uns Hasenartigen nachgesagt, dass wir uns sehr schnell und in großer Zahl vermehren. Und zum anderen, dass wir dabei stets nach einem streng mathematischen Prinzip vorgehen. Für mich sind beide Aspekte peinlich.

Erstens habe ich bisher genau NULL Kinder und gelte damit als anormales beziehungsweise perverses Bunny, und zweitens habe ich seit frühester Kindheit eine starke Mathematikbehinderung, die es mir sehr schwer machen wird, euch das mit dem mathematischen Prinzip zu erklären. Aber ich, euer perverses, aber fleißiges Hilfscheckerbunny, werde es natürlich mit ganzen Bunnykräften versuchen.

Also, es war einmal im schönen Italien ein Italiener namens Fibonacci. Anders als die anderen Italiener lag er nicht gerne am Strand und dachte über *amore* nach, sondern saß lieber am Schreibtisch und rechnete aus, wie viele Kaninchenpaare ein einzelnes Kaninchenpaar in einem Jahr produzieren könnte. Dabei fand er heraus, dass die monatliche Kaninchenvermehrung nicht einfach irgendwie passiert, sondern streng nach einer Folge von Zahlen, die lustigerweise genauso heißen wie er, nämlich Fibonacci! (Muss ein häufiger Name sein in Italien – für Männer und mathematische Zahlen.)

Und so errechnete Fibonacci, dass ein Kaninchenpaar mit Hilfe von Sexualität (und den Fibonacci-Zahlen) nach einem Jahr 377 Kaninchenpaare hergestellt hat. Allerdings nicht ganz allein! Die Kinderkaninchen mussten dabei auch mithelfen, und vor allem mussten sich alle Kaninchenpaare streng an die Rechenregeln von Fibonacci halten:

1. Jedes neugeborene Kaninchenpaar muss einen Monat aussetzen und darf erst danach (wenn es erwachsen ist) mit seinen Familienmitgliedern Sex haben. (Gut, dass Fibonacci und die Fibonacci-Zahlen nicht in Deutschland lebten, bei uns hat man Inzest ja nicht so gern.)

2. Nur wenn diese Regeln eingehalten werden, entsteht nach einem Jahr ein prima Kaninchenreigen aus genau 377 Paaren.

So, und jetzt kommen wir zu dem Teil, den ich euch eigentlich erzählen wollte. Der Fibonacci hat nämlich beim Rumrechnen gemerkt, dass seine Zahlen nichts mit GRAUER Theorie zu tun haben – wie so vieles in der Mathematik –, sondern in Wirklichkeit GOLDEN sind! Sie verhalten sich nämlich zueinander voll nach dem goldenen Schnitt. Und der goldene Schnitt, zumindest hab ich das so verstanden, ist etwas unfassbar Schickes! Alles, was nach ihm funktioniert, wird von uns Menschen als sehr, sehr gut aussehend empfunden! Tempel, die nach dem goldenen Schnitt gebaut sind, finden wir besonders schön. Bilder, die nach ihm gemalt sind, gefallen uns besonders gut. Und Populationsfolgen (etwa bei Kaninchen), die nach ihm funktionieren, finden wir besonders attraktiv.

Für mich ist das wahnsinnig interessant! Denn ich habe mich immer schon gefragt, warum wir Kaninchen-Bunnies bei den Menschen so beliebt sind. Warum uns alle so wahnsinnig hübsch finden. Und warum jeder mit uns Sex will! Jetzt weiß ich: Es liegt daran, dass wir golden sind. Und unsere Kinder auch!

Akzeptanzwerbung für das Vorspiel:

- Vorspiel – Ein Mann muss tun, was ein Mann tun muss
- Vorspiel – Damit der Sex kein Nachspiel hat
- Vorspiel – Kann man ja mal machen
- Vorspiel – Nach dem Spiel ist vor dem Spiel
- Vorspiel – Du brauchst es ja nicht deinen Freunden erzählen

- Vorspiel – Gar nicht so langweilig, wie es klingt
- Vorspiel – Kommt ja eh nichts im Fernsehen
- Vorspiel – Die anderen machen es doch auch
- Vorspiel – Und der Mensch blüht auf
- Vorspiel – Mehr als nur eine Legende
- Vorspiel – Tu was für dein Image!
- Vorspiel – Besser als »Wir müssen reden«
- Vorspiel – Auf die Länge kommt es an
- Vorspiel – Für den Streichelzoo bist du zu alt
- Vorspiel – Vor dem Hauptfilm kommt die Werbung
- Vorspiel – Wenn sie keins gewollt hätte, hätte sie es gesagt
- Vorspiel – Vorsprung durch Technik
- Vorspiel – Immer eine gute Suppe
- Vorspiel – Mit Sicherheit ein guter Partner
- Vorspiel – Nur der Erfolg zählt
- Vorspiel – Freude an Qualität
- Vorspiel – Gott will keine Theoretiker des Glaubens, er will Praktiker der Liebe
- Vorspiel – Connecting People
- Vorspiel – Einmal gestoppt, nicht mehr gepoppt
- Vorspiel – Der Schrecken aller Musikstudenten
- Vorspiel – Da beißt die Maus keinen Faden ab

Was sich unser Sexualkundeexperte Hermann Bräuer
zum Thema überlegt hat:

Freibier ist mein Gemüse

Es ist begrüßenswert, wenn man im Alter von zehn Jahren auf ein bayerisches Knabengymnasium geschickt wird, das die Einführung der Koedukation in »exakt zwei Jahren« verspricht, denn für gewöhnlich ist der Präpubertierende ein *man's man*, dessen Dasein ohne Gummitwist und ohne mit *petit fleurs* bespannte Poesiealben keinen nennenswerten Schaden nimmt. Wird das Versprochene dann aber nicht pünktlich geliefert, die avisierte Mädchenladung vielmehr Jahr für Jahr aufs Neue verschoben, bleibt dem mittlerweile herangereiften Lolito nur eine kleine Anzahl von Möglichkeiten, Wut und Verzweiflung über diesen elementaren Missstand angemessen zu verarbeiten. In meinem konkreten Fall sogar noch eine weniger, denn meine Eltern besaßen gar keinen Waffenschrank, nicht einmal einen schlecht gesicherten.

Der Fall war also klar: Eine Rockband musste gegründet werden. Und zwar eine harte. Keine von den bösen harten – mit Stiefeln, Leder und fettigen Haaren –, sondern eine von den guten harten – mit Stiefeln, Leder und toupierten Haaren –, denn wir hatten einen trotz seiner Einfachheit genialen Plan ausgetüftelt: Um bestmöglichst an Mädchen ranzukommen, würden wir uns die Power der Mimikry zunutze machen. Eines hatten wir nämlich: Haare. Und was lag da näher, als Musik zu machen, die man »Hair-Metal« nannte.

Ein zusätzlicher Bonus, den so eine Band bieten würde, bestand für uns darin, dass diese Musiker allesamt wesentlich coolere Namen hatten als wir. Und wir uns also auch solche zulegen konten. Unser Freundeskreis bestand aus Menschen mit Spitznamen wie Schorschi »Binomische Formel« Jungbauer, »Mongo« Eberlein und Juri »Minipint« von Schellenberg. Letzterer war mit mir im Basketballverein, und da wurde nach dem Training gemeinsam geduscht, der Name bezog sich also auf die Realität. Unsere Vorbilder dagegen hatten Namen wie Blackie Lawless, Nikki Sixx oder Steve »Sex« Summers. Oder Steevie Jaimz und Pepsi Tate. Ich erwähne die beiden, weil sie nicht wie der ganze Rest aus Los Angeles stammten, sondern waschechte Waliser waren. Sie spielten bei einer Band, die Tigertailz hieß. Mit z am Ende, das hatte man damals so. Backstage auf dem »Monsters of Rock«-Festival in Castle Donington kam es zu unschönen Szenen, als Pepsi Steevie vor der versammelten Ganz- und Halbprominenz sowie der kompletten Musikpresse aus der Band warf, wohl wegen »musikalischer Differenzen«. Ein wütender, verzweifelter und vor allem beachtlich betrunkener Steevie verfolgte Pepsi daraufhin durch den kompletten VIP-Bereich, um ihn zu Rede zu stellen.

Steevie ist etwa 1,65 m groß und wiegt 60 kg, was aber durch 15 kg Haarlack und Make-up kompensiert wird. Pepsi ist 20 cm größer und 20 kg schwerer, außerdem verwendet er noch mehr Produkte. Trotzdem baute sich der kleine Ex-Sänger vor dem großen Bassisten auf und sagte: »You know what, there is no I in apologize!« Pepsi darauf: »Well yes, there is!« Auf Steevies »Oh, look at little Miss Clever! You're such a wanker, Justin!« folgte ein Schlag, worauf Steevie lang hinschlug und liegen blieb, während Pepsi auf pinken Hacken von dannen stöckelte, als moralischer Sieger und seines Künstlernamens beraubt.

Auf unserer Bandgründung-to-do-Liste waren Haare und Musikrichtung also abgehakt, jetzt fehlte nur noch die Zuordnung, wer welches Instrument spielen würde. Und das Wichtigste, der Bandname. Hier einigten wir uns schnell auf das griffige »Llord Nakcor«, also »Rock and Roll« rückwärts. Eine Entscheidung, die im Nachhinein besehen bestenfalls zweifelhaft war, denn überhaupt niemand begriff, wie man das C nach dem K aussprechen sollte und ob die beiden L am Anfang auf eine Flamencotruppe hinweisen wollten.

Die Verteilung der Instrumente lief ähnlich geschwind ab. Ich hatte schon ein paar Jahre lang Gitarre gespielt und entschied mich deshalb spontan für den Bass. Nicht weil er etwa das einfachere Instrument wäre, sondern weil man als Bassist mit einem Arm wild in der Gegend herumdeuten oder, indem man die Hand im 90°-Winkel an die Stirn legt, indianisches In-die-Ferne-Sehen imitieren kann, während man mit der anderen Hand weiter bum, bum macht, ohne dass irgendwem irgendetwas auffallen würde.

Jahre später – ich war mittlerweile als Bassist gereift und konnte gleichzeitig deuten, indianisch Spähen und bum, bum machen – war ich bei einer Gruppe gelandet, die EZ Livin hieß, einen richtigen Plattenvertrag hatte und eigentlich ein als Band getarntes Soloprojekt des Gitarristen Hans Ziller war, der kurz zuvor bei den weithin bekannten Bonfire ausgestiegen war. Hans kam aus Ingolstadt, und so sprach er auch. Als wir auf Tour in Bremen waren, gingen wir in eine orientalische Imbissbude. Zillers Anfrage: »Was is na des da hintn, da, glei newa dem, des so dafeid ausschaud?«, beantwortete der freundliche Exot hinter der Theke mit einem sowohl formal als auch inhaltlich korrekten »Du bist wohl nicht von hier?«. Unsere Frage: »Hans, warum bist du eigentlich so ein Bauer?«, konterte Ziller ebenso einwandfrei mit: »Des hoast fei nimma so. Des nennt ma jetzt Pflugbegleiter!«

Unser Alleinstellungsmerkmal, das uns immerhin eine halbe Seite in der *Bild am Sonntag* brachte – ja, meine Mutter hat die Zeitung am Kiosk gekauft, dort aufgeschlagen und dem wildfremden Kioskmann das Foto unter die Nase gehalten. Mütter machen das –, war, dass unser Sänger den schwarzen Gurt in Karate hatte. »Karate Kid und seine Rockmannen« lautete folgerichtig die verblüffende Überschrift.

Eigentlich waren wir nur zu viert, aber für Liveauftritte heuerten wir aus Soundgründen einen zweiten Gitarristen an, der nicht nur der schnellste in ganz München war, sondern auch regelmäßiger Teilnehmer der Skateboard-Weltmeisterschaften. Ich erwähne die Geschwindigkeit nicht ohne Grund. Damals war das Tempo, mit dem ein Gitarrist sein Griffbrett bearbeiten konnte, wichtiger als alles andere. Wer wirklich richtig schnell war, konnte sogar beschissene Haare haben und trotzdem eine Band finden. Das große Vorbild aller Metalgitarristen zu dieser Zeit hieß Yngwie Malmsteen. Jede Stadt hatte ihren Yngwie-Klon, der in der Szene zur besseren Unterscheidung nach dem Getränk benannt wurde, das in seiner Gegend heimisch war. Es gab einen Weißbier-Yngwie, das war unserer, einen Altbier-, Apfelwein-, Bocksbeutel- und einen Arschloch-Yngwie. Der kam aus Hannover, keiner wusste, was man da so trinkt, und er war ein Arschloch. Diese Geschwindigkeitssache ging so weit, dass der amerikanische Gitarrist Chris Impellitteri auf sein 1988 erschienenes Album »Stand in Line« neben den üblichen Credits und Dankeschöns folgenden Satz drucken ließ: »I promise that my guitar solos will only get faster.«

Es gab nur eine Sache, die fast genauso wichtig war wie ein blitzschnelles Gitarrensolo: und zwar der markerschütternde Schrei in brutaler Höhe. Gute Bands setzten ihn an den Anfang des Liedes, vermutlich um gleich mal zu zeigen, wo der Hammer hängt, oder so. Richtig knifflig wurde es aber, wenn man versuchte, das Lichtgeschwindigkeitssolo mit dem glassprengenden Schrei zu kombinieren. Etliche

Karrieren gingen daran zugrunde, und letztendlich gab es nur einen, der verrückt genug war, dieses unmöglich scheinende Experiment zu wagen und auf ein Highspeedsolo einen Killerscream folgen zu lassen. Natürlich kein anderer als der einzigartige Chris Impellitteri und zwar gleich auf dem ersten Song seines Debütalbums, das ob seines schwarzen Covers von Insidern schnell »Black Album« genannt wurde.

So weit waren wir natürlich noch lange nicht, aber wer war das schon. Wie gesagt war unser Yngwie also zusätzlich noch semiprofessioneller Skateboarder. Man muss sich das jetzt so vorstellen: Auf der Bühne hüpft ein hyperaktiver Karatekämpfer aus dem Odenwald im Spagatsprung über das Schlagzeug, wenn er sich nicht gerade mit einem Vorschlaghammer Ytongsteine auf seinem Bauch zertrümmern lässt. Währenddessen fährt im Hintergrund ein Typ, der aussieht wie Slash, auf einem Bein Skateboard und soliert dabei in unglaublicher Geschwindigkeit auf der Gitarre, die er zu diesem Zweck auch noch hinter seinem Kopf hält. Dabei wird er begleitet von einem, der sich nördlich des Altmühltals nicht einmal selbst ein Schawarma bestellen kann. Wir waren wie einer von den Autounfällen, bei denen man eben heimlich doch hinsieht. Trotzdem verkauften wir knapp 30 000 Alben, was umgerechnet auf heute etwa 700 Stück sind. Zum Glück erschien gleichzeitig mit unserem Album Nirvanas »Nevermind«, dessen Auswirkungen unserer Karriere genauso schnell den Garaus gemacht haben wie Jahre später Cobain selbst.

Sollten Teenager dies lesen, die glauben, es wäre das größte Ereignis in ihrem jungen Leben, einmal in einem Bandbus mitfahren zu dürfen, ist es an dieser Stelle meine verdammte Pflicht, die Fist mit dem dornigen Nietenarmband der Realität zu raisen und zu yellen: »Stimmt gar nicht! Das größte Ereignis in deinem jungen Leben wäre es, im Crewbus mitfahren zu dürfen.« Busfahrende Musiker sind an Spektakelmangel kaum zu überbieten. Entweder schlafen sie den ganzen Tag, oder sie schauen sich im Bus Actionfilme an. Bei der Crew dagegen lernt man fürs Leben. 45-jährige Männer mit fragwürdigen Dentalkonstrukten, die schon alles gesehen haben. Eigentlich haben sie seit Jahren vor allem Busse und Stadthallen von innen gesehen. Frauen eher nicht, was vor allem daran liegen mag, dass nur eine sehr kleine Zielgruppe auf Männer anspricht, die zwanzig Tage am Stück das gleiche T-Shirt tragen, auf dem steht: »If it's dry, smoke it! If it's wet, drink it! If it moves, fuck it! If it doesn't move, stick it on the truck!« Doch das problematische Äußere täuscht den ungeübten Betrachter nur allzu leicht darüber hinweg, dass er es hier mit hochprofessionellen Experten zu tun hat, Koryphäen auf den Gebieten Akustik, Onanie und Statik. Vor allem Statik. Nur Spaß. Vor allem Onanie. Leicht zu erkennen an den im Bus verstreut herumliegenden Videos mit Titeln wie »Pulp Fickschön« oder »Spiel mir am Glied mit Kot«.

Hier fällt mir auf, dass ich noch gar nicht auf das Freibier zu sprechen gekommen bin. Mit dem verhält es sich so: Verschlägt es einen als Headliner in die Schwarzwaldhalle Appenweier, die Odenwaldhalle Michelstadt oder irgendeine andere Provinzvenue, dann wird die Vorband immer eine örtliche AC/DC-Coverband sein, und sie wird immer High Voltage heißen. Kommt man nach seinem Auftritt müde, erschöpft und durstig in die Garderobe, dann sitzt da ein dummgrinsender Angus Häberle samt Freundinnen und achtzig Freunden von der freiwilligen Feuerwehr – und das vorher vom Veranstalter für den Headliner bereitgestellte Freibier ist weg.

Sexualkunde-Kanon

- Praktische Kleidung ist im Bett genauso fehl am Platz wie sonst auch.
- Nackt putzen ja, aber nur wenn es hinterher auch sauber ist.
- Man kann auch ohne Drogen Spaß am Sex haben.
- Liebe kann man kaufen, Sex nicht.
- Das Auge fickt mit.
- Sinnlos, es zu leugnen: Deine Eltern hatten Sex. Mindestens einmal, mindestens deine Mutter.
- Und die Großeltern auch.
- Das kann man als erwiesen betrachten, muss aber nicht weiter darüber nachdenken.

- Es gibt auch Homosexualität, aber darüber weiß man nichts.
- Kondome gehören in den Biomüll, die Verpackung aber in die gelbe Tonne.
- Sodomie ist okay, wenn das Tier auch auf seine Kosten kommt.
- Über Sex macht man keine Witze.
- Hinter einem kleinen Penis steckt immer auch ein kleinliches Gemüt.
- Das größte Sexualorgan ist das Gehirn, aber nicht bei allen.
- Warum ist Homophobie eigentlich immer so angstbesetzt?
- Man soll nie als Erster kommen, höchstens als Zweiter oder als Vierter – jedenfalls immer eine gerade Zahl.
- Unterschiedliche Stellungen nur so lange ausprobieren, bis man eine gefunden hat, die einem gefällt und bequem ist.
- Wer es tatsächlich zu Ravels »Bolero« tun will, muss auch 17,15 Minuten durchhalten.
- Wer es zu »Je t'aime« tun will, muss auch in 3,21 Minuten fertig werden.
- Sämtliche Geisteskrankheiten sind auf Onanie zurückzuführen.
- Wenn man gut aussieht und sich ordentlich kleidet, braucht man kein Ziel im Leben.

KONSUM ALS THEMA!

*Was sich das Supatopcheckerbunny zum Thema
»Konsum als Thema« überlegt hat:*

Konsum ist als Thema deshalb so interessant, weil man ja quasi alles konsumieren kann. Alle anderen Themen in diesem zu Recht sehr sympathischen Buch fließen quasi potenziell-perspektivisch als Konsumgut hier wieder mit ein: Mode, Fashion, Ernährung, Konflikte, Jugend, Realität, Weltall, Glaube, Sexualkunde, Adel, Verbrechen, Bachmannpreis[32] – alles lässt sich immer auch konsumieren! Nicht zuletzt deswegen sprechen manche Soziologen mittlerweile schon von einer ganzen »Konsumgesellschaft«!

Wenn es nun also schon so weit gekommen ist, dass wir insgesamt eine einzige Konsumgesellschaft sind, dann wird es höchste Zeit, sich klarzuwerden über die Vor- und Nachteile einer solchen Lebensform. »Was denn für Nachteile?«, fragen jetzt bestimmt alle, inklusive Hilfscheckerbunny, »Konsum ist doch immer ein Vorteil, weil man dabei etwas bekommt!« Aber das ist nicht hundert Prozent richtig! Denn eigentlich ist Konsum eher ein Tausch, meistens gegen Geld. Neben den vielen anderen Dingen, die mit Konsum etwas zu tun haben, gehört das Thema Geld deshalb zu den ganz besonders zentralen Nebenaspekten vom Thema Konsum. Arthur Schopenhauer, ein deutscher Philosoph, schreibt über Geld:

---

32 Und auch die anderen Themen!

Jedes andere Gut nämlich kann nur einem Wunsch, einem Bedürfnis genügen:
Speisen sind bloß gut für den Hungrigen, Wein für den Gesunden, Arznei für
den Kranken, ein Pelz für den Winter, Weiber für die Jugend und so weiter.
Sie sind folglich alle nur Güter für einen bestimmten Zweck, das heißt nur re-
lativ gut. Geld allein ist das absolut Gute: weil es nicht bloß einem Bedürfnis
in concreto begegnet, sondern dem Bedürfnis überhaupt, in abstracto.[33]

So sagt es Schopenhauer in seiner beeindruckenden Analyse, und man
denkt: Hey! Zu Recht ist der ein berühmter deutscher Philosoph! Aber:
Ist deswegen auch alles, was er sagt, richtig und muss von allen gleich
blind akzeptiert werden? Ich zum Beispiel hinterfrage auch philosophische Autoritäten ganz gerne mal, denn das ist mein gutes Recht! Ich
finde nämlich, mit Verlaub, dass Schopenhauer sich da vielleicht ein bisschen verrannt hat, wenn er sagt, dass einzelne Konsumgüter nur einem
Bedürfnis *in concreto* begegnen, zum Beispiel der Pelz für den Winter
oder die Weiber für die Jugend. Denn auch mit dem Konsum einzelner
Güter will man manchmal bis oft nicht nur dem einen speziellen Bedürfnis *in concreto* begegnen, sondern DEM KONSUMBEDÜRFNIS
IN ABSTRACTO. Nur so lässt es sich erklären, dass ich schon gesehen habe, bei entfernten Bekannten, dass sie etwas kaufen, was sie *in
concreto* eigentlich gar nicht unbedingt brauchen, *in abstracto* aber trotzdem haben wollen! Bücher, Schmuck, Schuhe, was weiß ich. Und das
Zweite, was ich, mit Verlaub, auch kritisch sehe bei Schopenhauer, ist
die Behauptung »Geld allein ist das absolut Gute«. Ich will jetzt nicht
weiter darauf eingehen, denn das Thema hier an dieser Stelle ist ja nicht
»Schopenhauer«, sondern »Konsum«, doch ich will zumindest erwähnt
haben, dass ich das als Behauptung durchaus kritisch sehe, berühmter
Philosoph hin oder her. Ich denke, Jesus würde mir da Recht geben.
    In dieser Welt, in der wir nun mal leben, sind wir jedenfalls alle
hin und wieder Konsumenten, da brauchen wir uns gar nichts vormac-
chen. Das ist kein Anlass zum Stolz, beileibe nicht, aber es ist auch kein
Grund zur Verzweiflung. Es ist einfach so, wie es ist!

---

33 Arthur Schopenhauer, Aphorismen zur Lebensweisheit III, Zürich 1977,
    S. 380.

Was sich das Hilfscheckerbunny zum Thema »Konsum als Thema« überlegt hat:

Seit vielen Jahren interessiere ich, das Hilfscheckerbunny, mich leidenschaftlich für Geld. Das hat nichts mit Geldgier zu tun, sondern mit unserer Zivilisation, in der man mit Geld super einkaufen beziehungsweise konsumieren kann. Anderswo – in anderen Zivilisationen – würde ich vermutlich auf Knochen oder Muscheln abfahren, je nachdem, was man dort in den Geschäften so brauchen würde zum Einkaufen!

Denn Einkaufen oder »Shopping« ist eine Beschäftigung, die ich sehr liebe und auf die ich nicht verzichten kann. Komischerweise gibt es viele Leute, meist Männer, die da ganz anders sind als ich. Die zwar Geld ganz gerne mögen, aber Shopping nicht leiden können. Festgestellt habe ich das beim Shopping. Da habe ich in nämlich lauter schlechtgelaunte Männer getroffen: Männer, die in Schuhläden nach

Kopfschmerztabletten gefragt haben. Männer, die bei Ikea in der Abteilung mit den Teelichtern und Blumentöpfen hässliche Falten um den Mund bekommen haben. Und Männer, die mit bösem Blick an Straßenständen mit gefälschten Markenhandtaschen vorbeigerannt sind. Mich erfüllen diese Männer mit Mitleid. Sie leben ein Leben ohne Shoppingspaß! Und das Tragische daran: Das müsste gar nicht sein. Denn wenn man ein wenig im Internet recherchiert, findet man ganz schnell raus, dass Männer sehr wohl Dinge lieben: Telecaster-Gitarren, die sie per Onlineannonce »NUR in gute Hände verkaufen«. Hilti-Bohrmaschinen, bei denen sie sich (in Heimwerkerforen) für »drei wunderbare gemeinsame Jahre« bedanken. Heckenscheren, die sie (auf eBay) zärtlich »Das Laserschwert unter den Heckenscheren« nennen. Und Rasentraktoren von John Deere mit 92 cm Schnittweite, für die sie (wie jemand auf einer Paarberatungswebsite berichtet) schon mal das ganze Geld für den Familienurlaub verballern. (»Die Kinder sind dann mit der evangelischen Gemeinde verreist, Gerti war erst sauer, hat es sich dann aber mit mir auf dem frisch gemähten Rasen gemütlich gemacht.«) Ihr seht, Männer haben sehr wohl eine Leidenschaft für Konsumartikel! Sie haben aber – in unseren deutschen Fußgängerzonen – schlicht zu wenig Möglichkeiten, um diese auszuleben! Bis jetzt!

Denn bald werde ich das ändern. Ich werde direkt neben dem Potsdamer Platz in Berlin ein Shoppingparadies eröffnen. In dem wird es oben ganz normal Stiefel, Kleider und Schminke geben für die Frauen! Aber unten im Erdgeschoss wird es ein Elektrogitarrenparadies geben, ein Heckenscherenhaus, einen Fußballsockenmegastore, einen Bohrmaschinentestbohrpark und für nach dem Einkaufen eine Kneipe, in der man bei einem Glas Bier oder Fusel über den Zweiten Weltkrieg reden kann! Das wird toll für die Männer! Und für mich: Denn ich werde steinreich werden und immer genug Geld haben. Zum Shoppen!

Was sich unser Konsumexperte Klaus Nüchtern zum Thema überlegt hat:

Wenn man über Vorzüge, Tendenzen und Gefahren des Konsums reden will, geht es dabei auch darum, wer davon profitiert, wer dahintersteckt (sei es aktiv, sei es passiv), wer kann und darf konsumieren, wer muss zusehen, wer kann die Konsumgüter herstellen, sie sich selbst aber gar nicht leisten. Ich will ja hier nicht nur belanglos plaudern, sondern auch »hinterfragen«. Das war lange eine Horrorvokabel, die von linksliberalen Deutschlehrern zu Tode geritten wurde, die ihre Schüler mit Brecht- und Hans-Magnus-Enzensberger-Gedichten traktiert haben. Aber heute geht das wieder: Hinterfragen ist wieder *très chic* geworden, man denke nur an all die schlechten Dokumentarfilme, die in den Galerien laufen, und die sie begleitenden Recherchen.

Das ganze kritische Gebäude des Marxismus ist in gewisser Weise in einer Mangelgesellschaft entstanden und hatte aus historischen Gründen nicht sehr viel zu sagen über den Konsum, wie wir ihn heute kennen als Massenphänomen in unseren Breiten. Der Marxismus hat sich allerdings intensiv mit der Ware, mit deren Gebrauchs- und Tauschwert auseinandergesetzt, und ein wichtiger Theoriebestandteil befasst sich mit dem, was Marx und Engels den Fetischcharakter der Ware genannt haben. Damit ist, wenn ich es richtig verstanden habe, gemeint, dass man den Waren ihre Herkunft und Entstehung nicht ansieht. Sie treten ihren Produzenten, die ja im Industrialismus und vor allem dessen fordistischer Phase nicht im ganzen Produktionsprozess involviert sind, sondern die bildlich gesprochen nur zwei Schrauben anziehen, als gleichsam fremde Produkte gegenüber. Hier dockt auch der ganze, um den Begriff der Entfremdung errichtete Gedankenkomplex an, der noch Feuerbach'sche Wurzeln hat und vom marxistischen Theoretiker Louis Althusser, dem ich hier geneigt bin zuzustimmen, als idealistisch und vormarxistisch kritisiert wurde.

Markenfirmen sind, soweit man das von einer Struktur überhaupt behaupten kann, manchmal erstaunlich doof. Der Sportartikelhersteller Nike, der in Naomi Kleins Anti-Markenfibel »No Logo« als die aufgeblasenste von allen Ballonmarken apostrophiert wird und durch die Auslagerung seiner Produktion in die indonesischen Sweatshops generell zum Buhmann der Globalisierungskritiker wurde, hat zum Beispiel vor einigen Jahren seine Anwälte ausgeschickt, als man davon Wind bekam, dass die Osttiroler Ethnopopband Franjo ihr Plattencover mit einem Swoosh zu gestalten gedachte, der aus einem Frankfurter oder – wie man außerhalb von Wien sagen würde – aus einem Wiener Würstchen bestehen hätte sollen. Der Wurst-Swoosh hätte der Logo-Macht Nikes sicher keinen Abbruch getan – ganz im Gegenteil! Da irren sich auch die No-Logo-Partisanen: Der Versuch der Subversion von Zeichen durch Manipulation oder Rekontextualisierung ist stets schon zum Scheitern verurteilt, weil die Parodie immer das Parodierte zitieren muss und dadurch in gewisser Weise bestärkt: Affirmation durch Ironie. Das Einzige, was Logos nicht vertragen, sind Fälschungen oder eine unliebsame Verwendung. Wenn Nike-Turnschuhe zu einem Uniformbestandteil von Skinheads würden, dann hätte der Konzern wohl ein Imageproblem.

Sportartikelhersteller haben allerdings eine starke Tendenz zur Mimosenhaftigkeit. Der *Süddeutschen Zeitung* entnahm ich mal eine Meldung, dass Adidas sich verärgert darüber zeigte, dass der von Adidas gesponsorte David Beckham seinen drei Söhnen in Madrid Sneakers eines anderen Herstellers gekauft hatte. Das ist eins der wenigen Dinge, die ich mit Beckham gemeinsam habe. Ich stehe zwar nicht bei Adidas unter Vertrag, sondern bei Puma. Aber auch ich habe unlängst, so wie Beckham, ins Schnäppchenregal gegriffen, um meiner Tochter ein paar Nikes zu kaufen. Der Bekleidungserwerb für meine Tochter gehört zu meinen liebsten Freizeitbeschäftigungen. Und ich finde es beruhigend, dass sie dem mittlerweile zwar kein erbittertes »Papa, bitte, des ist total fad. Du darfst mir schon was kaufen, aber nur wenn ich nicht mit muss«, aber immerhin noch einen gewissen Widerstand entgegensetzt. Meine Tochter ist zehn Jahre alt, und wenn sie nach ihrer liebsten Freizeitbeschäftigung befragt wird, antwortet sie mit »lesen, zeichnen, DVD schauen oder ins Kino gehen« und nicht mit »shoppen«. Eine Allensbach-Umfrage hat übrigens ergeben, dass 94,3 Prozent der 18- bis 24-jährigen Frauen und Männer auf die Frage nach der Freizeitbeschäftigung Nummer eins mit »Shopping« antworteten. Ich hatte also entschieden, dass meine Tochter Sneakers braucht, was zunächst mit Genöle kommentiert wurde. Im Schuhgeschäft dann sprach sie einem Puma-Modell zu und reagierte auf ein Alternativ-Angebot – meine Tochter hat mittlerweile Schuhgröße 40 und die wesentlich billigeren Kindermodelle waren einfach zu klein – mit einem »das ist aber KEIN Puma«. Was wiederum einen bedeutungsschwangeren Blick meiner Frau in meine Richtung zur Folge hatte, begleitet von dem Kommentar: »Das hast du jetzt davon.«

Das sollte besagen: »Kein Wunder, bei diesem Vater.« Was will man von einem Kind, das Sätze wie »Das sieht aus wie von Paul Smith« zu seinem Alltagsvokabular zählt, schon anderes erwarten? Nachdem die Pumas aber in ihrer Größe nicht mehr vorrätig waren, fiel ihr Blick im nächsten Geschäft eben auf ein Paar Nikes, das freundlicherweise im Sonderangebot war. Ich darf Ihnen allerdings versichern, dass ich bei aller Aufmerksamkeit, die ich Logos und Labels widme, kein völliger Markentrottel bin. Ich stehe keineswegs an, Kritik an Herstellern zu üben, mit deren Produkten ich nicht zufrieden bin.

Von der Frau an meiner Seite wurde mir mal eine graue Feincord-Bosshose geschenkt, für deren Erwerb sie eine Woche lang Leiterplatten löten oder verzogene Fratzen mit größtmöglichem Desinteresse in Wortschatzerweiterung unterrichten musste, ich habe vergessen, welches von beiden. Und wissen Sie, wie die Bosshose heute aussieht? Ich würde einmal so sagen: Befände sich der Stoffhase Olaf oder die Wippbanane Mane in einem solchen Zustand – Ikea würde umgehend eine weltweite Rückholaktion in die Wege leiten. Der Hosenboden der Bosshose Nr. 51571/030 ist, man muss es leider sagen, eine schlagende Illustrierung des heutzutage fast nur mehr metaphorisch verwendeten Begriffs der Fadenscheinigkeit. Stülpt man sich die Bosshose über den Kopf, kann man sich durch den Hosenboden problemlos auch längere Monumentalfilme, sagen wir »Das Gewand« mit Victor Mature, ansehen. Ich persönlich verlange von einer Hose freilich eher, dass sie mir den Arsch wärmt.

Wenn sich Supatopcheckerbunny und Hilfscheckerbunny über Shopping unterhalten:

STCB: Ach, ich hätte mal wieder richtig Lust, mich schön mit dir zu unterhalten bei einer Tasse Tee!

HCB: Das trifft sich gut, Supatopcheckerbunny! Ich hab gerade Tee gekauft! Über welches Thema wollen wir reden?

STCB: Wir könnten über Arbeitsmarktpolitik reden oder über Zuckerrübenanbau in der Braunschweiger Börde!

HCB: Das sind interessante und topaktuelle Themen, aber eigentlich würde ich lieber über Shopping reden!

STCB: Schöne Idee! Das Thema Shopping wird nur allzu oft zu gering geachtet! Dabei kann man beim Shopping viel falsch machen!

HCB: Ja, das stimmt! Von Helmut Berger habe ich gelernt, dass man bei Louis Vuitton nur einkaufen soll, wenn man zum Beispiel Luchino Visconti heißt. Wenn man Helmut Berger (HB) oder Hilfscheckerbunny (HCB) heißt, dann stimmen die Initialen auf dem Koffer nicht!

STCB: Ja, das ist ein Problem! Aber es ist eher das Problem von Louis Vuitton, denn der will ja seine Koffer verkaufen, finde ich! Und MCM hat da noch ein größeres Problem!

HCB: Genau, wer heißt schon Megacheckermutti?

STCB: Also ich kenne niemanden! Weitere Shopping-Fallen lauern übrigens im Internet!

HCB *(ängstlich)*: O weia! Dabei bin ich da so oft!

STCB: Dann sei immer schön wachsam! Ein Freund von mir war nämlich mal gar nicht wachsam, und hör zu, was dem passiert ist!
(Hilfscheckerbunny hängt Supatopcheckerbunny gebannt an den Lippen)
Ja! Der Lars hat mal ein großes Paket von Amazon bekommen!

HCB: Was war drin? Das neue Buch von Holm Friebe?

STCB: Weit gefehlt! In dem Paket war ein Eierkocher für zehn Personen! Dabei ist der Lars nur eine Person! Und Eier mag er gar nicht besonders!

HCB: Und warum hat der sich dann so was bestellt?

STCB: Na, weil er betrunken war!

HCB: Das ist schlimm! Wenn man betrunken ist, sollte man nicht shoppen. Weder im Internet, noch außerhalb!

STCB: Ja, ganz richtig zusammengefasst! Aber wenn man nüchtern ist, ist Shoppen immer gut und richtig!

HCB: Finde ich auch! Denn schließlich kann man ja alles kaufen!

STCB: Alles? Und was ist mit Freunden, Glück und guter Laune?

HCB: Kann man auch alles kaufen! Wenn man Geld hat!

STCB: Klar! Stimmt schon! Die Frage ist nur, sind das dann auch wirklich qualitativ hochwertige Freunde? Oder sind das am Ende falsche Freunde, die sich nur für dein Geld interessieren?!

HCB: Ich finde ja: Hauptsache, man hat Freunde! Sonst müsste man immer allein zum Shoppen gehen.

STCB: Apropos Freunde: Männer finden es ja sehr attraktiv, wenn Frauen mit vielen Tüten beladen auf der Straße herumlaufen! Denn das suggeriert Solvenz, Lebensfreude und Konsumbereitschaft!

HCB: Und was soll drin sein in den Tüten? Stiefel?

STCB: Ja! Stiefel machen sich ganz hervorragend! Auch nicht schlecht: Bikinis!

HCB: Bikinis sollte man allerdings in der Schweiz kaufen oder in Brasilien! Eben da, wo die Leute oft Bikinis tragen.

STCB: Andererseits ist das manchmal ganz schön umständlich! Und Südamerikareisen sind ja auch nicht jedermanns Sache! Trotz der landschaftlichen Reize!

HCB: Absolut! Und was kauft man in Hamburg? Diese Jacken, auf denen »Hamburg« steht?

STCB: Kann man bringen! Aber man sollte hinterher nicht in aller Öffentlichkeit damit herumlaufen!

HCB: Natürlich nicht, das wäre ja peinlich. Genauso peinlich finde ich übrigens die Tüten von Harrods. Die sehen billig aus.

STCB: »Billig« ist kein schönes Wort, Hilfscheckerbunny! Man sagt heute: günstig, preiswert, preislich attraktiv, Preisknüller oder Top-angebot!

HCB: Ach so! Diese Wörter hab ich auch schon mal in der Werbung gehört!

STCB: Da hast du sehr gut aufgepasst! Werbung und Shoppen gehören nämlich zusammen wie Blumen und Erde!

HCB (*begeistert*): Und wie Hilfscheckerbunny und Supatopchecker-bunny!

STCB: Werbung ist eine sehr nützliche Orientierungshilfe beim Shopping! Ohne Werbung wüsste man ja gar nicht, was es überhaupt alles gibt!

HCB: Da fällt mir ein: Männer kaufen ganz andere Sachen als Frauen. Bayern-München-Bettwäsche zum Beispiel!

STCB: Klar! Das gibt es! Aber man kann nicht alle Männer so über einen Kamm scheren! Manche würden niemals Bayern-München-Bettwäsche kaufen!

HCB: Was kaufen die? Werder-Bremen-Socken?

STCB: Zum Beispiel! Oder Metallica-Platten! Oder Dübel! Oder Zündkerzen! Oder Verstärker! Oder Technik! Oder Bier!

HCB: Ach, man kann immer soviel lernen von dir, Supatopchecker-bunny!

STCB: Meine Haargummis kaufe ich immer passend zur Haarfarbe!

HCB (*aufgeregt*): Ich meine passend zur Kleidung!

STCB: Wie interessant! Ich finde es toll, wie unterschiedlich man Dinge machen kann! Auch im Bereich Shopping!

HCB: Leuchtet mir ein. Aber was ist eigentlich das Gegenteil von Shopping?

STCB: Pfandflaschen zurückbringen!

HCB: Ach, darauf hätte ich auch mal wieder Lust!

Was wir Herstellern und Werbetreibenden immer schon mal sagen wollten:

- Milchjieper ist kein Wort der deutschen Sprache und wird auch nie eins sein.
- Und auch das Wort »Cerealien« wird es nicht in die Mitte unserer Gesellschaft schaffen.
- Plastik an elektronischen Geräten sollte auch wie Plastik aussehen und nicht mittels Hammerschlaglackierung auf Metall getrimmt werden.
- Secondhand-Klamotten kauft man besser im Secondhandshop als bei H & M.
- Auch wenn ihr draufschreibt »mit natürlichem Rübensirupextrakt« – wir wissen, dass es Zucker ist!
- Sauerstoff ist ausreichend in der Atemluft vorhanden. Es macht keinen Sinn, ihn in Mineralwasser zu stopfen.
- Kinderschokolade bekommen unsere Kinder, wenn sie mal Schokolade wollen, für die Extraportion Milch bekommen sie ein Glas Milch!
- Drogeriemärkte, die Monitore mit plärrender Verkaufswerbung aufgehängt haben, verdienen jeden denkbaren Terroranschlag.
- Läden, die irgendwas mit »Mode«, »Fashion« oder »Trend« heißen, führen nichts dergleichen.
- Katzen können gar nichts kaufen, weil sie überhaupt kein Geld haben.
- Es gibt weitaus bessere Partys als das Rügenwalder Mühlenfest.
- Es ist mir ganz egal, ob die Jeans sich noch weitet, sie sieht einfach scheiße aus.
- Ich habe eine HappyDigits-Karte, aber ich gebe es nicht zu.
- Gerade weil Sie dieses »schöne Stück« selber so gerne tragen, werde ich es mir nicht kaufen.

Claims zur Ankurbelung der Binnennachfrage:

- Kaufen – nur klauen ist billiger.
- Verhungert sind schon viele, an Schulden ist noch niemand gestorben.
- Artikel & Produkte – kann man immer gebrauchen.
- Kaufen, wegwerfen, kaufen, wegwerfen, wieder kaufen
- Wer zwei kauft, hat eins mehr.
- Kaufen gegen rechts.
- Kauft beim Juden!
- Gleich kaufen und der Inflation ein Schnäppchen schlagen!
- Katzen würden alles kaufen!
- Kaufen ist das Haben von morgen.
- Wer Schlechtes kauft, kann öfter kaufen.
- Wer täglich zwanzig Minuten kauft, bleibt gesund und fit bis ins hohe Alter.
- Borgen ist Silber, Kaufen ist Gold.
- Es gibt kein richtiges Kaufen mit falschem Geld.
- Konsum ist der Mercedes des kleinen Mannes.
- Nur zügelloser Konsum kann den Kapitalismus zerstören.
- Wer in seinem Leben nichts kauft, wird am Ende feststellen, dass man Geld nicht essen kann.
- Wer »Can't buy me Love« singt, neigt auch zu Behauptungen wie »I am the Walrus«.
- Wer mehr kaufen will als andere, sollte erst mal seine Ansprüche raufschrauben.
- Man kann alles kaufen – außer Sachen, die nicht existieren!
- Unglück, Einsamkeit, Unzulänglichkeit – mit Konsum lassen sich unerwünschte Gefühle schnell und einfach kompensieren!
- Konsumterror hätte das World Trade Center nicht zerstört!
- Mit dem Dosenpfand sind endlich auch ökologische Argumente gegen Konsum entkräftet.

Zu diesem Kapitel empfehlen wir folgende Musikstücke:

The Clash – Lost in the Supermarket
Irgendwas von *Money Mark*

TV AKTUELL!

Was sich das Supatopcheckerbunny zum Thema
»TV aktuell« überlegt hat:

Im Kapitel über »Realität & Illusion!«, hier drin in diesem heiteren Buch, habe ich schon etwas sehr Wichtiges vorweggenommen zum Thema TV, dort habe ich nämlich geschrieben: »Das Fernsehen ist die Realität.«[34] Diese messerscharfe Analyse hat in der Zwischenzeit nichts an Richtigkeit und Aktualität eingebüßt. Auch Niklas Luhmann sah das Massenmedium Fernsehen als ein im konstruktivistischen Sinne selbstreferenzielles System, das die Realität in erster Linie nicht abbildet, sondern selbst konstruiert. Zwar konnte er den Gedanken nicht so klar und einleuchtend ausdrücken wie ich, aber immerhin ist er draufgekommen.

Ganz im Gegensatz übrigens zu Hans Magnus Enzensberger, der sich in seinen medientheoretischen Analysen Folgendes überlegt hat zum Thema Fernsehen:

In der heutigen Gestalt dienen Apparate wie das Fernsehen oder der Film nicht der Kommunikation, sondern ihrer Verhinderung. Sie lassen keine Wechselwirkung zwischen Sender und Empfänger zu: Technisch gesprochen reduzieren sie den Feedback auf das systemtheoretisch mögliche Minimum.[35]

---

34 Siehe Kapitel »Realität & Illusion«, Seite 118.
35 Hans Magnus Enzensberger, »Baukasten zu einer Theorie der Medien«, in: Kursbuch, Berlin 1997, S. 99.

Zu Recht frage ich mich da, wo Hans Magnus Enzensberger bei diesem Gedanken gerne das kritische Potenzial verorten sehen möchte, lassen seine und andere Bücher doch ebenfalls keine Wechselwirkung zwischen Sender und Empfänger zu. Und überhaupt, brauchen wir denn tagein, tagaus ständig immer Kommunikation, Wechselwirkung und Feedback? Ich jedenfalls brauche das nicht tagein, tagaus, ich lese GERNE mal ein gutes Buch, und im Übrigen suche ich mir auch ganz gerne aus, wann und mit wem ich kommuniziere! Abends vor dem Fernseher zum Beispiel genieße ich es durchaus, dass das Feedback zwischen mir und zum Beispiel Reinhold Beckmann auf das systemtheoretisch mögliche Minimum reduziert ist. Obwohl Reinhold Beckmann natürlich voll OKAY ist!

Man sieht also jetzt schon: Über das Thema Fernsehen kann man GANZ UNTERSCHIEDLICHER MEINUNG sein! Manche sagen so, und manche sagen so, das kann man gar nicht oft genug betonen, ganz egal bei welchem Thema!

Was sich das Hilfscheckerbunny zum Thema
»TV aktuell« überlegt hat:

Eigentlich gucke ich sehr gerne Fernsehen. Und ich finde, dass das Fernsehen eine ganz normale Freizeitbeschäftigung ist, für die man sich nicht zu schämen braucht! Das Internet ist da erstaunlicherweise ganz anderer Meinung. Das Internet kann das Fernsehen nämlich nicht leiden. Das merkt jeder, der mal versucht hat, darin etwas zum Thema zu suchen. Egal, wohin man klickt, man stößt in einer Tour auf Leute, die schlecht über das Fernsehen sprechen und versuchen, einem dieses schöne Hobby auszureden. Manche von ihnen behaupten, dass Fernsehen die Dickleibigkeit fördert und die körperliche Bewegung reduziert. Andere wiederum glauben zu wissen, dass es »die Hauptaufgabe des Fernsehens ist, von Gott und den uns gestellten Aufgaben abzulenken. Selbst in oder zwischen gute Programme wird in der Regel ein Schuss Böses gemischt«.[36] Und wieder andere bemängeln »die Nachrichtensprecherinnen, die durch betont sachliches Vorlesen ihrer Manuskripte versuchen, darüber hinwegzutäuschen, dass ihre Bluse offen steht«.[37]

Ihr seht, da ist System dahinter! Hier wird mit allen Mitteln versucht, etwas schlecht zu machen, das gar nicht schlecht ist! Und warum das so ist, werde ich euch jetzt erklären!

Also: Am Anfang hatten die Menschen nur das Fernsehen und mochten es sehr. Dann kam das Internet! Und das Internet wollte gerne genauso viel Aufmerksamkeit bekommen wie das Fernsehen! Es wollte auch geliebt werden und auch im gemütlichen Wohnzimmer stehen statt im hässlichen Großraumbüro! Das klassische Kain-und-Abel-Drama! Doch da das Internet das Fernsehen nicht erschlagen kann wie der Kain den Abel, zieht es stattdessen hemmungslos über das Fernsehen her.

---

36 www.etika.com/deutsch4/40tv12.htm
37 www.etika.com/deutsch4/40tv12.htm

Erbärmlich ist das! Und ich, das Hilfscheckerbunny, bin deshalb vom Internet menschlich ziemlich enttäuscht. Eifersucht hin oder her, wenn ich einen Bruder hätte, der Verkaufssendungen wie »Geschenke aus Gold« und »Bob Ross: The Joy of Painting« bringen würde, würde ich nicht an dem rummeckern, sondern 'ne Tüte Chips vom Kiosk holen und mich wieder vertragen. Also echt!

Was unser wissenschaftlicher Assistent Cornelius noch zu ergänzen hat:

Paranoid gesteuerte Erkenntnisse sind zunächst mal besonders interessant, weil sie einen privilegierten Blick auf Zusammenhänge behaupten, die vom gemeinen Verstand entweder nicht gesehen oder aber böswillig verleugnet werden. Technische Medien sind in solcherlei Wissensformen immer schon tief verstrickt, und das Fernsehen zieht diesen Blick offenbar besonders stark an – als direkt im Privatbereich (»Wohnzimmer«) platzierte Rampe für den Truppeneinfall der Dummheit, des Bösen, des Trivialen, des Vergifteten, des Aufmerksamkeitsdefizitsyndroms, der Gewalt und des Stumpfsinns in die Köpfe der Menschen. Adorno irgendwo in der Nähe? Adorno am Start, »Prolog zum Fernsehen«, »Fernsehen als Ideologie«. Fernsehen: voll von »versteckten Botschaften«, fortwährender kulturindustrieller Betrug der Konsumenten um genau das Versprochene: Glück.

Weil wir das aber ein bisschen genauer wissen wollen und besonders um den naturselig verblödeten Abkömmling der Kritik, die Kulturkritik, zu übertönen, drehen wir den Fernseher voll auf und gucken noch mehr, wie es die Weisen taten mit ihrem Vorsatz des »trying to figure out what was happening – and taping it all«. Gute Maxime, kommt von Andy Warhol, und Rainald Goetz hat sie als Versuchsanordnung begriffen und 1989 monatelang ferngeschaut und mitgeschrieben, drei Bücher voll, als «Zeitmitschrift der großen öffentlichen Rede in den Medien«. Dafür muss man mit einer Kulturtechnik vertraut sein, die, wie der Literaturwissenschaftler Harun Maye zeigt, alle Verdachtsmomente geerbt hat, die einst gegen verkehrtes Lesen entsichert wurden. Das »Herausreißen einer Stelle aus ihrem Zusammenhange« (Friedrich Schleiermacher) galt der Hermeneutik als Fundamentalschweinerei im Umgang mit guten, großen, klassischen Büchern, die es »durchzulesen« gilt: früher »blättern«, heute »zappen« als illegitime Angriffe auf ein Werkganzes, auf Sendungen. Machen wir gern, gebt uns eine Fernbedienung und einen Videorekorder. Müssen wir auch, es geht schließlich um nichts Geringeres als um eines der Steckenpferde und Lieblingsthemen der Bunnies auf ihren diskurstheoretischen Wodkamatineen (extrem harte Tür), nämlich »Modi der Wirklichkeitskonstitution«.

Was in Film & Fernsehen besser ist als im richtigen Leben:

- Wenn man die Brille abnimmt, ist man sofort die Schönste auf der ganzen Welt.
- Wenn man etwas Schwieriges lernen muss, dann kommt dynamische Musik, und nach zwei Minuten kann man alles.
- Es gibt mehr Sonnenuntergänge und von besserer Qualität.
- Der Mond ist auch größer.
- Beim Telefonieren braucht man keine Abschiedsfloskeln.
- Die Menschen sehen überdurchschnittlich gut aus.
- Wenn Tiefkühlgerichte zubereitet werden, sehen sie hinterher aus wie richtiges Essen.
- Man kommt viel leichter an Waffen ran.
- Am Ende wird alles gut, auch wenn man vorher eine Zahnspange hatte.
- Bei Naturkatastrophen kommt man als Einziger mit dem Leben davon.
- Wenn der Tanklastzug explodiert, kann man das mehrmals und aus verschiedenen Perspektiven sehen.
- Beim Fußball ist man viel näher dran als in echt.
- Die Schönheitsoperationen werden alle bezahlt.
- Es regnet immer nur da, wo der Saxophonspieler ist.

- Auch schlechte Verstecke funktionieren oft ganz gut.
- Heimtrainer lassen sich mühelos unter dem Bett verstauen.
- Österreicher werden untertitelt.
- Wenn man aus Versehen Blut, Milch, Kakao und Motoröl auf das Sofa schüttet, bekommt man es voll leicht wieder weg.
- Durch die Musik weiß man immer, was gleich passieren wird.
- Skinheads sehen am Ende ihr Fehlverhalten ein.
- Kinder werden in total schicken gelben Schulbussen zur Schule gefahren.
- Attraktive Mädchen warten auf deinen Anruf.
- Wenn nachts das Telefon klingelt, ist es garantiert wegen was Wichtigem und keine vorgelesene SMS.
- Die Köche haben immer schon mal was vorbereitet.
- Auch wenn ein Sechzig-Tonnen-Gewicht auf die Katze fällt, ist sie zwar kurz plattgedrückt, aber danach gleich wieder quicklebendig.
- Hin und wieder steht das World Trade Center noch.
- Auch das Leben in einer Kleinstadt kann im Fernsehen manchmal schön sein.
- Die schlagfertigen Antworten fallen einem nicht erst zu Hause ein.
- Auch bei einem schlechten Witz lacht ein ganzes Publikum.
- Man kann total viel darüber erfahren, wie die Menschen im Mittelalter gelebt haben.
- Gut ist auch am Fernsehen, dass man die Lautstärke regeln kann.
- Und dass man es nicht selber lesen muss.

Was in Film & Fernsehen schlechter ist als im richtigen Leben:

- Man sieht häufiger Comedians.
- Menschen, die eigentlich längst tot sein müssten, sind wie von Zauberhand wieder da (etwa Hitler oder Maria Schell).
- Im richtigen Leben würde so jemand wie Thomas Gottschalk keinen Erfolg haben.
- Wenn man einmal hustet, muss man sehr bald sterben.
- Wenn man das Anagramm nicht löst, ist die Moderatorin persönlich sehr enttäuscht.
- Von total attraktiven Ringen mit echtem Zirkonia gibt es oft nur noch ein einziges Exemplar.
- Kaum wird man zur Armee eingezogen, fängt der nächste Krieg an.
- Wenn mal jemand ins Ausland fährt, bricht sofort ein gefährliches Chaos aus.
- Oder eine turbulente Komödie.
- Oft drücken Menschen ihre Gefühle singend aus.
- Eltern haben manchmal Sex.
- Immer wieder wenn die Außerirdischen kommen, führen sich die Menschen auf, als sei es das erste Mal.
- Gerade wenn das Leben schön ist, stellt sich heraus, dass man ein Massenmörder mit Gedächtnisverlust ist.
- Es gibt auch französische Filme.
- Und Reinhold Beckmann.
- Es wird viel geheiratet.
- Man ist nirgends in Sicherheit, nicht mal hinter leeren Ölfässern.
- Der besoffene Schwachsinn, den einem ein Penner hinterherruft, wird sich schicksalhaft erfüllen.
- Vieles im Fernsehen ist nur Fassade.
- Orgasmen sind oft nur vorgetäuscht.
- Ständig sind die Gardinen dreckig.

POLITIK & SPORT!

Was sich das Supatopcheckerbunny zum Thema
»Politik & Sport« überlegt hat:

Aus bestimmten Gründen haben wir die Themenbereiche Politik & Sport in diesem informativen Buch zum Lesen in EINEM Kapitel zusammengefasst. Ein Grund ist, dass Politik & Sport viel gemeinsam haben, sogar mehr als man denkt beim oberflächlichen Vergleich auf den ersten Blick! Zum Beispiel, haben beide eigene Rubriken in der Zeitung. Außerdem: In beiden Bereichen gibt es zu bestimmten Gelegenheiten Gewinner und Verlierer, beides kann man ernst und unernst betreiben, in beiden Bereichen kann man Parteien und Vereine bilden, und in beiden kommt die Silbe »po« vor. Es gibt aber auch Unterschiede zwischen Sport und Politik! Zum Beispiel, kann man mit Sport zwar mehr Geld in kürzerer Zeit verdienen als mit Politik, dafür ist die Karriere aber auch schneller zu Ende. In der Politik kann man prinzipiell ein ganzes Leben lang kontinuierlich ganz passabel verdienen, egal, wie man aussieht.

Andererseits können Sportler zusätzlich noch sehr viel Geld als Werbeträger für Firmen und deren Artikel und Produkte verdienen, indem sie entweder in einem Werbefilm oder auf einem Werbeplakat sagen, dass sie das fragliche Produkt gut finden und dabei glaubhaft suggerieren, es auch selber zu benutzen. Politiker hingegen verdienen kein Geld als Werbeträger. Vielleicht, weil es nicht zum guten Ton gehört, vielleicht aber auch, weil die Firmen an Politikern als Werbeträger für ihre Produkte einfach nicht so interessiert sind! Politiker wirken oft weniger fit und durchtrainiert als Sportler, manche sind ja richtiggehend fett! Wenn ein Sportler für etwas wirbt, zum Beispiel für Nudeln, dann denken die Menschen: Ah! Wenn man diese Nudeln isst, dann ist man in guter, weil körperlich attraktiver Gesellschaft! Wirbt aber ein übergewichtiger Politiker für Nudeln, dann denken die Menschen: Ach, diese Nudeln kaufe ich vielleicht mal lieber nicht, wenn ich im Supermarkt vor dem Nudelregal stehe – die Werbung hätte dann ihre gewünschte Wirkung verfehlt! Manchem ist das jetzt vielleicht ganz egal: »Soll die Werbung halt ihre gewünschte Wirkung verfehlen, ist mir doch nicht wichtig.« Aber für die Werbung ist das schon wichtig, denn sie ist mit sich selbst identisch.

Die divergierende Bedeutung von Sportlern und Politikern in der Werbung steht leider in krassem Gegensatz zur Bedeutung der Arbeit, die Sportler und Politiker für die Gesellschaft als Ganzes leisten. Wohl könnte unser Staatswesen ohne Profisportler bestehen, nicht aber ohne Politiker, denn die Politiker machen nun mal das ganze Staatsmanagement, die Sportler machen aber nur Sport. Der Sport ist gut für das Individuum, weil es durch den Sport körperlich fit und attraktiv wird, die Politik aber ist wichtig für die Gemeinschaft derselben Individuen! Paradox mal wieder!

Dennoch können Sport und Politik in unserer Gesellschaft ganz harmonisch nebeneinander existieren; viele Politiker machen in ihrer knapp bemessenen Freizeit sogar selber Sport und einzelne Sportler auch mal Politik (Schwarzenegger). Man RESPEKTIERT sich einfach gegenseitig, und das ist überhaupt eine gute Devise für ein funktionierendes Gemeinwesen! Respekt. Und Sport! Und Politik auch noch. Respekt, Sport und Politik, damit hat man eigentlich alles, was man braucht!

Was sich das Hilfscheckerbunny zum Thema »Politik & Sport« überlegt hat:

Politik und Sport sind zwei sehr unterschiedliche Themen, für die man sich unterschiedlich stark interessieren kann. Ich zum Beispiel finde Sport toll und Politik eher anstrengend! Politik besteht nämlich aus lauter sinnlosen Dingen, die nur Verrückte spannend finden. Der Nahostkonflikt ist so ein Fall: Da können sich – im Nahen Osten – ein paar benachbarte Menschengruppen nicht so gut leiden. Und seit zwanzig Jahren wird jeden Tag in den Hauptnachrichten aufgeregt darüber berichtet!

Was ist bitte schön daran so besonders, wenn Nachbarn sich nicht mögen? Mein Nachbar zum Beispiel guckt nachts, wenn ich schlafen will, Ballerfilme oder schreit seine Frau an. Außerdem ist er Zahnarzt. Von mögen kann da absolut nicht die Rede sein! Aber obwohl ich durchaus schon über den Einsatz von Waffen nachgedacht habe, erwarte ich nicht, dass sich irgendwer für diesen Konflikt interessiert, und auch nicht, dass in den Hauptnachrichten darüber berichtet wird. Wenn es nach mir ginge, würde man in den Nachrichten sowieso schon lange nicht mehr über Konflikte sprechen, sondern stattdessen mehr über Sport.

Sport beziehungsweise Fußball ist nämlich – ganz anders als die Politik – total interessant. Fußball ist zum einen schön, denn »Fußball-Rasen haben schöne Muster und Fähnchen«. (Wie man auf dem Mädchen-Fußballportal des DFB[38] nachlesen kann.) Und zum anderen ist Fußball kinderleicht zu verstehen: Wer am besten einkaufen kann, gewinnt am Ende die Champions League. Da ich, das Hilfscheckerbunny, wie in diesem Buch bereits mehrfach bewiesen, vom Einkaufen mehr verstehe als Abramovich vom FC Chelsea,[39] werde ich übrigens in der nächsten Saison einen Fußballverein übernehmen. Für diesen Verein werde ich dann wie folgt einkaufen: ein paar junge Fußballer, ein paar, die putzige Spezialtricks können, ein paar, die man aus der Werbung kennt, und vielleicht sogar einen Franzosen. Und dann noch eine Saison später werdet ihr mich in den Hauptnachrichten sehen. Doch ich werde dann nicht mehr euer Hilfscheckerbunny sein, sondern die Kaiserin des Fußballs!

Was unser wissenschaftlicher Assistent Cornelius zum Thema »Politik & Sport« noch zu ergänzen hat:

Politik und Sport: logisch, sowieso immer vertrackt, verschraubt, verheiratet, voreinander kaum zu retten. Wenn Sport sich extra laut als von Politik getrennt behauptet, zum Beispiel über das glänzende Mundstück Leni Riefenstahl, setzt noch im Schlaf der kritisch geschulte, routinierte Verdacht ein, dass es sich dabei nur um eine nochmals verschärfte Form von Ideologie handelt. Also: ein vollständig versauter

---

38 www.ich-spiele-fussball.dfb.de
39 Siehe Kapitel »Mode & Fashion!«, »Tabuthema Ernährung«, »Konsum als Thema!«

Raum, eine Zurichtungskammer für kriegerische, disziplinierte, übertrieben gesunde, für jeden dreckigen Zweck einsetzbare Körper. Strahlende Sau weit oben in diesem Stammbaum: Turnvater Jahn, Verfasser der Schrift »Deutsche Turnkunst«, das 19. Jahrhundert hindurch gefeiert als »wackerer Vorturner« und »treuer Volksfreund«, angetreten, um aus »Mannspuppen« Sportsmänner zu formen, die zumindest den Franzosen widerstehen könnten. Sein Erbe: germanophil unfroh, maximal verklemmt homoerotisch, halbnackt, »Leibchen«. Das Supatopcheckerbunny schickt uns mit der Feststellung, dass sowohl Sport als auch Politik die Silbe »Po« enthalten, auf eine etwas entlegenere, aber deutlich schönere genealogische Linie dieses Baums: graecophil froh, unverklemmt homoerotisch, nackt. Schieben wir Jahn mal mit Reck, Barren und stinkenden Medizinbällen ab in die Halle, wird der Blick frei auf den Sand griechischer Gymnasien, in dem sich die heranwachsenden Bürger der Polis nackig balgen. So durchgeknallt den Heutigen die Idee vorkommen mag, dass Deutschland der optimale Ort für eine neue griechische Antike sei, so wirkmächtig war genau dieser Gedanke seit der Mitte des 18. Jahrhunderts. Unser Mann für die erste Ausflaggung dieser Belange: Johann Joachim Winckelmann. In den »Gedanken über die Nachahmung der Griechischen Werke in der Malerei und Bildhauer-Kunst« von 1756 geht es hoch her, und alles fällt in eins: Die Jungens balgen sich im Sand, wo sie »ganz nackend ihre Leibesübungen treiben«, bilden so ihre schönen Körper aus und werden zu wehrhaften Bürgern der Polis. Am Rand sitzen die älteren Männer und schauen zu, was zum einen ihren Kunstsinn anheizt oder füttert, zum anderen eine ganz gute Kontaktmöglichkeit darstellt. Winckelmann meint, da gehe auch heute was, mit Schwimmern statt Raufenden:

Überhaupt glaube ich, unsere Künstler würden vielleicht ebenso gute Gelegenheit haben können, das schönste Nackende zu studieren, wie in den Gymnasien der Alten geschehen. Warum nutzen sie diejenige nicht, die man den Künstlern in Paris vorschlägt, in heißen Sommertagen längst den Ufern der Seine, um die Zeit, da man sich zu baden pfleget, zu gehen, wo man das Nackende von sechs bis zu fünfzig Jahren wählen kann?

Warum und wie genau das schiefging mit der sportlichen, kunstsinnigen deutschen Polis haben die Bunnies in einem 128-seitigen Manuskript mit dem Arbeitstitel »Was wir uns überlegt haben zum Thema ›Warum da was schiefging mit der sportlichen, kunstsinnigen deutschen Polis!‹« niedergeschrieben, für dessen adäquate Rezeption die Zeit leider noch nicht gekommen ist und das derweil noch in einem Tresor in Genf einlagern muss.

Trostsätze für Menschen, die in einer Diktatur leben müssen:

- Zum Nationalfeiertag gibt es immer farbenprächtige Aufzüge.
- Fußballstadien werden auch dann sinnvoll genutzt, wenn gerade gar kein Spiel ist.
- Man muss sich nicht alle vier Jahre über neue Politiker aufregen.
- Man muss nicht selbst Tagebuch führen.
- Und man muss seine Briefe auch nicht selbst Korrektur lesen.
- Wenn man verliebt ist, ist man eh immer glücklich.
- Auch zensierte Bücher sind Literatur.
- Wenn man auf Partys geht, ist niemand da, der in der Werbung arbeitet.
- Schon mal was von »Qual der Wahl« gehört?
- Südfrüchte werden sowieso überschätzt.
- Kennt man eine Partei, kennt man alle.
- Opposition ist Mist.
- Man kann ganz leicht selber Geheimagent werden.
- Kein Mensch braucht Grapefruitshampoo, um glücklich zu sein.
- Kinder brauchen Rituale.
- Ein Großteil der modernen Lyrik ist in Diktaturen entstanden.

- Die Jugend weiß wenigstens, wogegen sie rebelliert.
- Und Überzeugungen sind noch was wert.
- Wer hat gesagt, dass Vollbeschäftigung immer sinnvolle Beschäftigung sein muss?
- Die Chance, dass eine Straße nach einem benannt wird, obwohl man ein totaler Nullchecker ist, ist relativ hoch.
- Es gibt keine Waldorfschulen.
- Man muss sich nicht zwischen Kitkat Classic und Kitkat Chunky entscheiden.
- Wenn das Auto endlich kommt, freut man sich doppelt.
- Niemand klaut dein Fahrrad. Und wenn, wird er sofort hingerichtet.
- Wenn man mit dem Diktator befreundet ist, hat man's echt gut.
- Noch besser hat man's, wenn man selbst der Diktator ist.
- Oder die Frau des Diktators.
- Man darf ungestraft amerikanische Flaggen verbrennen.
- Zeitschriften berichten nie über Fürstenhäuser.

Neue Sportarten für die Paralympics:

- Mikado der Parkinsonkranken
- Orientierungslauf der Amnestiker
- Vierer-Bob der Klausthrophopiker
- »Was bin ich?« der multiplen Persönlichkeiten
- »Verstehen Sie Spaß?« der Depressiven
- Ausdruckstanz der Katatoniker
- Wettschächten der Vegetarier
- Dressurreiten der Pferdehaarallergiker
- Angeln der Hyperaktiven

- Kreuzworträtsel der Legastheniker
- Fechten der Choleriker
- Tetris der Messies
- Burgerwettessen der Diabetiker
- Memory der Alzheimerkranken
- Rhyme Battle der Stotterer
- Verfolgungsrennen der Paranoiker
- Synchronschwimmen der Individualisten
- Marathonlauf der Inkontinenten[1]
- Schwebebalkenkür der Epileptiker
- Zweier-Rennrodeln der Homophoben
- Monopoly der PDS-Mitglieder
- Frauenfußball
- Hau-den-Lukas der Waldorfschüler
- Rumkugeln der Alkoholiker
- Staffellauf der Egoisten

---

1 Credits & Respect: Monty Python

RUHM & BERÜHMTSEIN –
DIE BERLIN BUNNY LECTURES!

*Was sich das Supatopcheckerbunny zum Thema »Ruhm
& Berühmtsein – Die Berlin Bunny Lectures« überlegt hat:*

I'm down to earth like this
Rockin this business
I've grown up so much
I'm in control and loving it
Rumors got me laughing, kid
Love my life and my public
Put God first
Then can't forget to stay real
To me it's like breathing

Don't be fooled by the rocks that I got
I'm still, I'm still Jenny from the block

(*Jennifer Lopez* – Jenny from the Block)

Ich habe mir überlegt, diesem Kapitel über Ruhm und Berühmtheit mit allen Lockungen und Schattenseiten einfach mal dieses
Songtextfragment von Jennifer Lopez voranzustellen, denn besser kann
ich es auch nicht sagen! Ich finde es toll, wenn Stars wie J.Lo trotz ihres
Ruhmes noch alles unter Kontrolle haben und echte Menschen bleiben
wie du und ich (also mehr wie du, denn ich bin ja auch berühmt) und
einfach mal das BUSINESS ROCKEN, dabei aber mit beiden Bei-

nen fest auf dem Boden stehen und über die ganzen Gerüchte einfach lachen und das Leben lieben! Das ist nämlich auch nicht selbstverständlich. Vielen, die berühmt werden, steigt der Ruhm nämlich in den Kopf![40] Sie können einfach nicht damit umgehen und werden deswegen irgendwann süchtig nach Espresso. Es gibt mittlerweile ganze Entzugskliniken, die sich nur auf reiche Superstars spezialisiert haben, die einfach mit ihrem Ruhm nicht zurechtkommen und dadurch zuviel Espresso trinken, was ihnen nicht guttut. Aber zu denen gehöre ich nicht. Ich bin mehr so der natürlich gebliebene Jenny-from-the-Block-Typ. Ich trinke auch gerne mal einen Espresso, nach dem Essen pur oder zum Frühstück mit Milch. Aber in Maßen! Die Hauptsache dabei ist für mich immer noch der Genuss und nicht die körperliche Abhängigkeit. Wenn man erst mal körperlich abhängig ist, dann hat man ein Problem, daran gibt es nichts zu beschönigen, und darüber muss man sich im Klaren sein, okay?

Bei den Berlin Bunny Lectures habe ich gelernt, was es heißt, vor ein großes Publikum zu treten und auf der Bühne zu bestehen. Das ist nicht immer leicht. Immer wieder kämpft man mit Angst und Selbstzweifeln, aber auch mit Missgunst und Neid der weniger Erfolgreichen! Naja, *c'est la vie*, kann man da nur sagen. Wer damit nicht zurechtkommt, sollte halt lieber von Beruf Journalist werden oder Radiomoderator. »If you can't stand the heat, stay away from the fireplace«, sagt man sinngemäß im englischen Sprachraum. Wer das nicht checkt, kann wohl kein Englisch. Pech für Egon. (Das sagt man nur so, wer genau in diesem Fall Egon ist, weiß ich jetzt gar nicht, *so what!*)

Dabei ist der Lohn all dieser Mühen gar nicht mal der Ruhm oder das viele Geld! *No way!* Der Lohn all dieser Mühen sind die Freude und die Erkenntnisse, die man den Menschen schenkt! Ein Lächeln in einem zuvor betrübten Gesicht. Das Leuchten in den Augen der Kinder. Dinge, die bleiben, auch wenn der Vorhang schon längst wieder gefallen ist. Dann wische ich mir die Schminke vom Gesicht und weiß, erschöpft, aber glücklich, dass wir das Richtige tun, das Hilfscheckerbunny und ich.

---

40 *Und das ist voll geil! HCB.*

SUPATOPCHECKERBUNNY

UND HILFSCHECKERBUNNY

Was sich das Hilfscheckerbunny zum Thema »Ruhm & Berühmtsein – Die Berlin Bunny Lectures« überlegt hat:

Als vor vielen Jahren das Supatopcheckerbunny in mein Leben trat, war die Erde noch ein grauer Ort voller offener Fragen. Die Menschen hatten Jahrzehnte ohne Antworten und Vorbilder auskommen müssen, sie waren verwahrlost, orientierungslos – ja, ohne Hoffnung. Die meisten hatten nicht mal mehr Lust, schöne Kleider zu tragen, und manche hatten sogar aufgehört, sich die Haare zu waschen. Auch ich, das Hilfscheckerbunny, war in keinem guten Zustand. Denn obwohl mein Haar immer tipptopp war, fehlte mir etwas: Ich war nicht berühmt. Wenn ich auf die Straße ging, grüßte mich höchstens der Mann aus dem Gemüseladen gegenüber, und nie blieb jemand stehen, um Fotos von mir zu machen. Die Erde war ein Jammertal. Und ich war ein Teil davon.

Doch dann an diesem besonderen Nachmittag, als ich gedankenverloren durch eine Shoppingmall schlenderte, kam das Supatopcheckerbunny auf mich zu. Und plötzlich war alles anders. Das Licht im Shoppingcenter strahlte wie von tausend Kerzen erleuchtet, und aus den Boxen der Boutiquen erschallte ein längst vergessener Song: »When will I be famous« von Bros.

»When will I be famous?«, fragte ich das Supatopcheckerbunny, und das Supatopcheckerbunny antwortete:

You're suitably at one with your body
and the sun
yes
you are!
You've read Karl Marx and you've taught yourself to dance
You're the best by far![41]

---

41 Vergleiche »When will I be famous«, Bros 1988.

Und da wusste ich, dass nun alles anders werden würde. Ich hatte jemanden gefunden, der große Meister wie Bros fehlerlos zitieren konnte! Noch an diesem Nachmittag versprach ich dem Supatopcheckerbunny, ihm zu dienen und zu folgen bis ans Ende der Tage. Ich versprach, ihm zu helfen, die Fragen der Menschen zu beantworten und dafür zu sorgen, dass mehr Leute Geisteswissenschaften studieren. Ich versprach, jeden Tag die Zeitung zu lesen oder ein Buch von Karl Marx. Ich versprach, zu den Armen freundlich zu sein, keine Markenprodukte zu kaufen, mehr Fremdwörter zu benutzen, und ich versprach – egal, was passieren möge –, immer auf dem Teppich zu bleiben.

Ja, ich versprach dem Supatopcheckerbunny einfach ALLES, was es hören wollte. Denn ich wusste, nur mit Demut und brutalster Anbiederung würde ich weiterkommen. Und so nahmen die Dinge ihren Lauf: Wenige Wochen später nahm ich das erste Mal auf der Showbühne neben dem Supatopcheckerbunny Platz und wurde auf der Stelle berühmt. Und ich sage euch: Berühmtsein ist wunder-wunderbar! Aber – wie ich bald merken durfte – hat Berühmtsein auch Schattenseiten. Schattenseiten, auf die ich, das Hilfscheckerbunny, nicht vorbereitet war: Um den strengen Anforderungen des Supatopcheckerbunnys gerecht zu werden, musste ich anfangen, Drogen[42] zu nehmen. Und ich nehme sie noch heute: Drogen, die mir helfen, besser zu bügeln, denn was akkurate Bühnenkleidung angeht, ist das Supatopcheckerbunny sehr streng. Drogen, die mich lustiger machen. Drogen, die mich kritischer machen. Drogen, die mir helfen, Fremdwörter zu verstehen. Drogen, die mich mehr komplizierte Nebensätze sprechen lassen. Und Drogen, die das mit dem »auf dem Teppich bleiben« übernehmen und verhindern, dass ich meine Nachbarn nicht mehr grüße.

Aber jeden Abend, nach jeder Show, wenn die Wirkung der Drogen nachgelassen hat, ich mir die Schminke mit No-Name-Wattepads abgewischt habe und ich im Dunkeln in meinem Bett liege, dann kommt die nackte Angst: »Was, wenn mein Ruhm anfängt zu verblassen, wenn ich von den vier Bodyguards nur noch einen habe und wenn mich auf

---

42 Drogen: Dinge, die süchtig machen wie Kaffee, Schokolade, Internet und Heroin.

der Straße wieder nur der Gemüsehändler erkennt?« Das sind schlimme, zerstörerische Gedanken, die mich oft am Schlafen hindern. Doch Gott sei Dank kommt nach jedem düsteren Abend wieder ein neuer Morgen voller Zuversicht. Dann stehe ich auf, winke den Paparazzi in meinem Garten zu und denke daran, dass auch dann, wenn ich nicht mehr berühmt sein werde, meine Berühmtheit zumindest in diesem Buch ewig weiterleben wird! Dafür bin ich dem Supatopcheckerbunny sehr dankbar. Und euch, meinen treuen Fans und Lesern, auch. Danke, ICH LIEBE EUCH ALLE!

Was sich unser Bunny-Lecture-Experte Marius Meller zum Thema überlegt hat:

Als ich zum Neuberliner wurde, in dem Moment, da ich am Neujahrstag 2003 im Schritttempo bei Blitzeis in die Kastanienallee einbog, wo fürderhin mein Wohnort sein sollte, und dann die ersten Bücherkisten über den spiegelglatten Bürgersteig schob, beschloss ich, meinem Leben eine Struktur zu geben. Ich hatte es lange genug ohne Struktur versucht. Das war schön, aber anstrengend. Mit Struktur könnte es weniger anstrengend sein, so hoffte ich. Zu diesem Zeitpunkt ahnte ich noch nicht, dass für mich die Supatopcheckerbunnyshow zu jener Struktur werden würde, nach der ich so lange gesucht hatte.

Als ich zum Neuberliner wurde, sorgte der großherzige Schriftsteller Michael Rutschky dafür, dass ich mich in der großen Stadt nicht einsam fühlte, und schickte mich zur Supatopcheckerbunnyshow.[43] Aber es dauerte noch ein paar Monate, bis ich tatsächlich hinging. Erst musste ich mich beim *Tagesspiegel*, meinem neuen Arbeitgeber, einarbeiten. Im Frühsommer sollte ich aus Klagenfurt vom Ingeborg-Bachmann-Wettbewerb berichten, und dort war ich sehr beeindruckt vom Schriftsteller Wolfgang Herrndorf. Sein Text »Diesseits des Van-Allen-Gürtels« schien mir unvergleichlich viel besser als das neorechte

---

43 aka Berlin Bunny Lectures.

Gesülze des späteren ersten Preisträgers. Mein Literaturherz war elektrisiert. Gleich nach seiner Lesung schaute ich im Internet nach, was es da so über ihn gab, und so traf ich auf die Homepage der Zentralen Intelligenz Agentur (ZIA), wo er als IM, als Inoffizieller Mitarbeiter geführt wurde, und von wo auch ein Link auf die Homepage des Supatopcheckerbunnys ging, das offenbar auch zum Netzwerk der ZIA gehörte. Das sah alles sehr merkwürdig und gleichzeitig faszinierend aus. Die Texte waren in einer Mischung aus Kulturwissenschaftlerjargon und neoliberalen Keywords komponiert, aber immer so, dass die Ironie, die darin lag, für eventuelle Kunden der Agentur aus dem Wirtschaftsmilieu nicht unbedingt abschreckend wirkte und für intellektuelle Betrachter aus dem Kulturbereich wie eine freundliche Satire wirkte. Hier ließen sich offenbar zwei Sphären produktiv aufeinander ein. Oder hatte ich nur nicht kapiert, worum es bei der ZIA eigentlich ging? Ich war angefixt.

In der Kantine des Klagenfurter Sendesaals lief ich gleich nach meinem Interneterlebnis dem mit viel Beifall bedachten Wolfgang Herrndorf über den Weg. Ich hatte ja einen Rechercheauftrag, und so verabredete ich ein Gespräch für den Nachmittag. Als wir dann in schönstem Sonnenlicht unter den Bäumen vor dem Sendesaal saßen, redeten wir über Sachen, die ich garantiert nicht für meinen Artikel würde verwenden können. Er erzählte von seiner Schlaflosigkeit, seiner latenten Erkältung, die mit harten Sachen aus der Pharmazie unterdrückt wurde, über Samuel Becketts »Murphy«, über Erleuchtung und merkwürdigerweise über meinen Lieblingsphilosophen Nikolaus Cusanus aus dem 15. Jahrhundert. Er empfahl mir das Supatopcheckerbunny, das sich ausgesprochen gut mit Nikolaus Cusanus auskenne, und klärte mich auf, dass hinter dem Pseudonym, oder besser hinter der Funktionsbezeichnung Supatopcheckerbunny, ein Menschenwesen stecke, das den Namen Ulrike Sterblich trage. Ich konnte kaum glauben, dass das nicht auch ein Pseudonym oder eine Funktionsbezeichnung sei. Leider bekam Herrndorf nicht den Bachmannpreis, aber immerhin den Publikumspreis, weil er »die meisten Freunde mit Internetanschluss habe«, wie er in vollendeter Bescheidenheit sagte.

Als ein paar Wochen später Kurt Scheel im Café Burger mit Falko Hennig einen John-Wayne-Themenabend präsentierte, stellte mich Herrndorf dem, wie er sagte, »Gehirn« der Zentralen Intelligenz Agentur vor, Kathrin Passig. Sie schüchterte mich sofort ein. Sie erinnerte mich an die hübschen Studentinnen aus den Seminaren über Analytische Philosophie, die schon jahrelang Donald Davidson studiert hatten, während man selber noch im Wittgenstein feststeckte. Egal, was sie sagte, es war semantisch perfekt ausbalanciert. Aber merkwürdigerweise war Kathrin Passig gleichzeitig ebenso präzise wie locker und hatte einen staubtrockenen Humor. Obwohl die Begegnung im Schlagfertigkeitswettbewerb als eine klare Niederlage meinerseits verbucht hätte werden müssen, wuchs meine Faszination für die Zentrale Intelligenz Agentur ins Unermessliche.

Dann war es endlich so weit. An einem lauen Sommerabend, am letzten Mittwoch des Monats, spazierte ich die Schönhauser Allee Richtung Norden zum NBI, jener Gaststätte, wo die Supatopcheckerbunnyshow stattfand. Vor der Lokalität standen Biertische, und da bis zum Beginn der Show noch zwanzig Minuten Zeit waren, saßen dort Gäste und einige Mitglieder der ZIA sowie der Talk-Gast des Abends, wiederum Kurt Scheel (und wiederum geladen als Experte für Western). Ich setzte mich neben Kathrin Passig und begann todesmutig ein sinnloses Gespräch über das Braten von Spiegeleiern, den Anknüpfungspunkt habe ich vergessen. Ich behauptete irgendeinen Schwachsinn, indem ich Bratvorgang und aristotelische Ursachenlehre aufeinander bezog. Völlig zu Recht fegte Passig diese scholastische Tüteligkeit mit einer kraftvollen Tautologie weg: Wenn sie Eier brate, brate sie nur Eier. Ich wollte mich eben vor Kathrin Passig niederwerfen, als Holm Friebe, der andere Teil der Doppelspitze der ZIA, das Signal zum Beginn der Show gab.

Die Show selbst soll hier nicht beschrieben werden, sie soll hinter dem Mantel des Allerheiligsten ihr gewiss ewiges Leben führen. Meine Eindrücke habe ich in zwei Aufsätzen ungelenk niedergelegt, deren einer (erschienen im Kursbuch »Neue Rituale«) nach dem Schema der lateinischen Messe gegliedert ist und als sakralen Höhepunkt nach meiner Hochzeit (!) als »Agnus Dei« die Supatopcheckerbunnyshow schildert und die Agape, die spirituelle, ewige Liebe zum Supatopcheckerbunny und natürlich auch zum Hilfscheckerbunny, andeuten mag, sowie in dem Traktat »Supatopcheckerbunnyshow als geistige Lebensform« (erschienen im Merkur-Sonderband »Ein neues Deutschland?«).

Es war also Liebe auf den ersten Blick, und ich sollte fürderhin kaum eine Supatopcheckerbunnyshow auslassen. Meine Monate liefen im Zyklus des Supatopcheckerbunnys und seiner Freunde ab. Ein Ritual, auf das ich umgehend nicht mehr verzichten wollte. Als ich dann eines Tages meinen Job beim *Tagesspiegel* kündigte, stellte ich einen Antrag auf Mitgliedschaft in der Zentralen Intelligenz Agentur, ich gehörte ja nun keinem Klub mehr an und konnte in einen neuen eintreten. Die Initiation war hart. Ich sollte ein literarisches Jugendwerk vorlesen, mit Elektroden am Arm, deren Stromstärke das Publikum regulieren konnte. Die Show, nun schon im neuen NBI in der Kulturbrauerei, hieß »Uncle Milgrams Open Mike« nach dem berühmten Milgram-Experiment in den Sechzigerjahren – eine Kontrafaktur der üblichen Literaturwettbewerbe. Ich hielt 18,4 Milliampere aus, mehr als die anderen, und mein Jugendwerk war das schlechteste. Henryk M. Broder schrieb in *Spiegel-Online*: »Schmerzresistenter [als die anderen Delinquenten] war freilich der Berliner Literaturkritiker Marius Meller, der erst bei 18 Milliampere schwächelte und aufgab. Er las einen Text mit dem Titel ›Unser Turnverein‹, mit dem er alle Texte unterbot, die er jemals verrissen hatte.« Die Überschrift des Broder-Textes lautete »Hoden aus Stahl«, und so war ich als IM in die Zentrale Intelligenz Agentur aufgenommen. Endlich hatte mein Leben das, was die Welt vielleicht nicht hat: eine Struktur.

Was andere berühmte Leute über die Bunnies sagen:[1]

- Die Bunnies sind SEXUS SUPERIOR – da haben wir Männer einfach das Nachsehen. (*Arthur Schopenhauer*)
- Klar würden wir die Bunnies gerne für einen Gastauftritt verpflichten, aber wir können das Hilfscheckerbunny nicht bezahlen. (*Ricky Gervais, Extras*).
- Die Bunnies? Hab ich mal von gehört. Na ja, sollen sie halt ihr Ding machen, ich wünsche ihnen alles Gute dabei, ich bin nicht neidisch auf ihren Erfolg, sie sind halt auch jünger als ich. (*Shakira*)
- Also, ich find die toll! (*Theodor W. Adorno*)
- Supatopcheckerbunny is a very powerful young lady with interesting thoughts. (*Margaret Thatcher*)
- Schon bald wird das Hilfscheckerbunny eine der meist-kopierten Stilikonen unserer Zeit sein. (*Donatella Versace*)
- Das Supatopcheckerbunny war immer ein großes Vorbild für mich. (*Ingrid Steeger*)

---

1 Oder sagen könnten!

SUPATOPCHECKER BUNNY
Supatopchecker bunny, sag mal, werden wir für immer beste Freunde sein?
Kann sein! Kann auch nicht sein
Das ist keine eindeutige Antwort
Ja, das hast du richtig erkannt, Carsten! Weil nämlich so einiges im Leben, und ganz besonders zwischenmenschliche Beziehungen, nun mal einfach nicht immer eindeutig SIND! Deswegen KONNTE ich dir jetzt gar keine eindeutige Antwort geben! Aber das ist eine ehrliche Antwort!
Naja, was will man mehr?
Rubinowitz & Stöblich

Cornelius Reiber, geboren 1973 in Göttingen, Kulturwissenschaftler, Mitarbeiter der Zentralen Intelligenz Agentur, Bunnygraph und Wissenschaftlicher Assistent bei den Berlin Bunny Lectures. Lebt derzeit in Princeton, New Jersey, von wo er auf www.united-states-of-cornelius.de gelegentlich mit Filmen berichtet.

Tex Rubinowitz, geboren 1961 in Worms, lebt seit 22 Jahren in Wien/Ostösterreich, zeichnet seit 1985 regelmäßig Witze für regelmäßig und unregelmäßig erscheinende Zeitungen. Veröffentlichung zahlreicher Bücher. Drehbuch für den Horrorfilm »Denken ist zum Satan beten«.

Kathrin Passig, geboren 1970, Mitbegründerin der Zentralen Intelligenz Agentur, lebt in Berlin und war viele Jahre ratlos, wenn sie in Formularen nach ihrem Beruf gefragt wurde. Seit sie im Juni 2006 mit dem Ingeborg-Bachmann-Preis ausgezeichnete wurde, bezeichnet sie sich als »Autorin (auf Probe)«. Sie schreibt für das Weblog riesenmaschine. de und diverse Zeitungen, 2007 erschien von ihr und Aleks Scholz »*Das Lexikon des Unwissens*«.

Christian Y. Schmidt, geboren 1956, lebt als Senior Consultant der Zentralen Intelligenz Agentur mehr in Peking als in Ostberlin. Der ehemalige *Titanic*-Redakteur schreibt für diverse deutschsprachige Zeitungen, riesenmaschine.de und gelegentlich in Büchern, allerdings nur noch für sehr, sehr viel Geld (Altersvorsorge).

Wolfgang Herrndorf, geboren 1965, lebt als Schriftsteller in Berlin. Zuletzt erschienen: »Diesseits des Van-Allen-Gürtels«, Eichborn 2007.

Murmel Clausen, geboren 1973 als Claus-Henric, ist Drehbuchautor. Er lebt und schreibt in München.

Caroline Härdter lebt in Jersey City, New Jersey, und verbringt deshalb so viel Zeit wie möglich in Manhattan und Brooklyn. Sie arbeitet an einer Kollektion von Filztieren und schreibt gelegentlich Sachen auf.

Marcus Weimer, geboren 1963, studierte an der Fachhochschule für Gestaltung in Hamburg. Unter dem Namen »Rattelschneck« arbeitet er allein, aber auch zusammen mit Olav Westphalen aus Stockholm/ New York u. a. für *Titanic, Süddeutsche Zeitung, tip* (Berlin), *taz* und fürs Fernsehen (Dittsche, WDR). Zuletzt erschien »*Das dicke Rattelschneck Buch*« bei Rowohlt für 9,90. Manchmal zieht Rattelschneck auch mit einer Diashow seiner Cartoons durch Deutschland. Rattelschneck ist Gott.« (WalterMoers)

Almut Klotz, geboren 1962 im Schwarzwald, lebt seit 1985 in Berlin. Nach den »Lassie Singers« gründete und leitete sie den Popchor Berlin. Sie schreibt Kolumnen für Tageszeitungen und Radiosender und hat 2005 zusammen mit Reverend Ch. Dabeler den Roman »Aus dem Leben des Manuel Zorn« (Ventil Verlag) veröffentlicht.

Manuel Muerte, geboren 1968 in Hamburg, die Fanfare der Magie, präsentiert wilde Magie und erstaunliche Tricks mit älteren und kranken Tieren. Neben vielen anderen Auszeichnungen Träger des »Sarmoti Award« von Siegfried & Roy, Las Vegas.

Leonhard Horowski, geboren 1972 in Berlin, studierte Geschichte, Anglistik und Politologie an der FU Berlin und der University of Durham und ist seit 2003 Wissenschaftlicher Assistent am Geschichtsinstitut der TU Berlin. Seine Doktorarbeit über Höflingskarrieren in Versailles wird voraussichtlich 2008 im Verlag Thorbecke erscheinen.

Christian Ankowitsch, geborener Österreicher in Berlin, ist Journalist (u. a. *Die Zeit*) und Buchautor (u. a. »Dr. Ankowitschs illustriertes Hausbuch« und »Das Gute und das Fiese. Richtig leben mit Sponge-Bob/Schwammkopf«).

Hermann Bräuer, geboren 1968, schreibt für Film und Fernsehen und lebt in Frankfurt am Main. Er spielt Bass wie kein Zweiter und hat prächtiges, dichtes, leicht gewelltes Haar, dessen edler Braunton perfekt mit seinen smaragdgrün schimmernden Augen korrespondiert.

Klaus Nüchtern, geboren 1961 in Linz, ist Kulturredakteur und stellvertretender Chefredakteur der Wiener Stadtzeitung *Falter*. Seine wöchentlich verfassten Kolumnen »Nüchtern betrachtet« erscheinen in Buchform – zuletzt in dem mittlerweile vierten Sammelband »Hier kommt der Antipastidepp« (2007, Falter Verlag). Außerdem sitzt Klaus Nüchtern seit 2004 in der Jury des Ingeborg-Bachmann-Wettbewerbs.

Marius Meller, geboren 1969, war Feuilletonredakteur bei der *Frankfurter Rundschau* und beim *Tagesspiegel*. Jetzt arbeitet er als freier Literaturkritiker in Berlin und schreibt für das *Deutschlandradio* und die *FAZ*.

Die Autorinnen

Ulrike Sterblich (Supatopcheckerbunny), geboren 1970 in Berlin, Politologin, verbreitet ihre Weisheit in Kolumnen, Kurzhörspielen und TV-Beiträgen. Manchmal denkt sie sich auch Comics aus, kann sie aber nicht selber zeichnen. Zusammen mit Stese Wagner moderiert sie die ungemein beliebte Veranstaltung »Berlin Bunny Lectures«. Sie lebt mit ihrer Familie in Berlin.

Stese Wagner (Hilfscheckerbunny), geboren 1972 in Frankfurt am Main, Psychologin, arbeitet als freie Texterin für renommierte Werbeagenturen. Sie lebt in Berlin, veranstaltet und moderiert (gemeinsam mit Ulrike Sterblich) die »Berlin Bunny Lectures« und träumt von einer Karriere als gut bezahlte Kolumnistin – und von einem Haus an einem See, auf dem man Motorboot fahren kann.

Was ich mir selbst überlegt habe
zu irgendeinem Thema!